Sexo

101

preguntas
y respuestas

LIBSA

Tú preguntas, nosotros respondemos

Seguramente, ningún otro momento de la vida da lugar a tantas dudas, temores y difusión de ideas erróneas como la adolescencia, tanto en los chicos como en las chicas. Y no es para menos, teniendo en cuenta que todos los cambios que se producen en esta etapa afectan a la totalidad de los aspectos de la persona.

A continuación, encontrarás las respuestas a 101 preguntas y situaciones que, con toda seguridad, se te presentarán a ti o a alguno de tus amigos durante estos años y, para que tus dudas se despejen antes, las hemos agrupado en distintos temas.

En el primero se incluyen aquellas cuestiones que afectan a tus emociones y a otras inquietudes (sensaciones, pensamientos, miedos) típicas en esta edad: desde esos cambios inexplicables de humor hasta la incertidumbre respecto a tu futuro, pasando por los posibles conflictos en la relación con tus padres.

En el segundo epígrafe se abordan aquellas cuestiones que se refieren a las distintas ideas, mitos y dudas que surgen en torno a esa particular metamorfosis que tu cuerpo está experimentando ahora.

Dentro de las preguntas dedicadas a la higiene y al aspecto físico encontrarás temas tan prácticos y cotidianos como el uso del desodorante, el tratamiento del acné, las ventajas y desventajas de recurrir al tinte de pelo o el modelo de ropa interior más adecuado o recomendable.

Hemos dedicado un apartado entero a las cuestiones referentes a la salud, en el que descubrirás, entre otras, las razones por las que el tabaco resulta tan perjudicial para tu organismo; el tipo de alimentación más adecuado en este momento; las pautas de sueño que debes seguir o los principales cambios (todos ellos habituales) que se pueden presentar en este momento en tu organismo.

En el tema que se refiere a las amistades y al entorno social, te ofrecemos soluciones a los conflictos que surgen en este ámbito (todos ellos frecuentes, teniendo en cuenta que todas tus amistades están sometidas al mismo carrusel de cambios que tú); las siempre complicadas relaciones entre chicos y chicas; los hábitos de ocio más nocivos; los riesgos de la noche; el uso y abuso de las nuevas tecnologías; falsas ideas en torno a las drogas y el alcohol…

Bajo el epígrafe «Las primeras relaciones» se agrupan aspectos relativos a las emociones que surgen durante los primeros contactos sexuales con otra persona: el miedo al rechazo, las claves de la atracción física o la mejor forma de mantener a raya el rubor. El coito, el orgasmo, el erotismo, la sexualidad…

Para ahondar aún más sobre la necesidad de mantener unas relaciones sexuales seguras y responsables, hemos agrupado en el epígrafe «Los riesgos del sexo» las dudas más frecuentes y aquellos temas de los que tanto te cuesta hablar con tus mayores sobre los posibles «peligros» que entraña la práctica sexual.

Por último, en la parte final descubrirás qué se esconde detrás de muchos de los mitos y leyendas que rodean el tan idealizado tema de «la primera vez».

¿El objetivo? Que ninguna de tus inquietudes quede sin respuesta.

1. Emociones e inquietudes de la edad

1 **Desde hace un tiempo me siento triste sin motivo aparente. ¿Qué me pasa?**

Los bajones anímicos son normales en las épocas de cambios, y la adolescencia es una de ellas. Los estudios realizados han demostrado que 4 de cada 10 adolescentes se sienten tristes e incluso llegan a tener ganas de alejarse de todo y de todos.

Si tienes alguna de estas sensaciones de forma puntual, no te preocupes: evita quedarte encerrado en casa y busca alguna actividad que ayude a distraerte.

Si esta situación dura más de una semana, coméntaselo a tus padres, ya que puede que estés cayendo en una pequeña depresión, sobre todo si este estado de ánimo va unido a la pérdida de interés por tus actividades favoritas, baja autoestima, tristeza profunda y cambios en tus patrones de sueño y hábitos de comida.

2 **Cada vez que pienso en mi futuro (carrera, trabajo, vida adulta) me agobio mucho y me puede la ansiedad. ¿Es normal?**

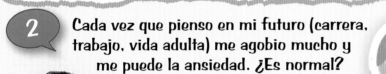

Sí; de hecho, es una de las sensaciones más comunes en los chicos y chicas de tu edad, y tiene su razón de ser en la cantidad de inseguridades que estás experimentando en este momento.

Seguramente pensarás: si a día de hoy no sé quién soy, ni qué es lo que quiero, ¿cómo podré tener las cosas claras el día de mañana? Debes pensar que te encuentras en una etapa de transición en la que todas las piezas están revueltas pero, en cuanto encajen, el panorama será muy distinto.

✓ **¡Toma nota!**

Cuando te sientas preocupado, una buena idea es escribir en un papel tus temores e inquietudes y tus ilusiones y planes próximos.

Aunque te pueda parecer una medida simple, en este gesto puedes encontrar las claves de tu futuro.

No me apetece nada estudiar y no consigo concentrarme. ¿Qué me está pasando?

Es algo normal, ya que estás rodeado de estímulos y experiencias más divertidas e interesantes que aquello que te puedan contar los libros de texto que te acompañan a clase.

Sin embargo, es muy importante que no pierdas el ritmo de trabajo en esta etapa, no solo por tu expediente académico, sino porque ir bien en los estudios es uno de los mejores favores que te puedes hacer a ti mismo para mantenerte centrado y evitar el fracaso escolar.

Si ves que te cuesta más que antes ponerte a estudiar, sigue estos consejos:

• Duerme bien.
• Fija un horario de estudios más o menos flexible.
• Haz pausas (el cansancio disminuye la capacidad de concentración y resta el interés por seguir estudiando).

• Acostúmbrate a estudiar siempre en el mismo lugar.
• Apaga el teléfono durante ese momento (te puede quitar mucho tiempo).
• Intenta planificarte de tal forma que realices el máximo esfuerzo entre semana para poder así disfrutar del merecido descanso y diversión el fin de semana, porque no hay mejor motivación que saber que se va a descansar después del esfuerzo.

En cuanto a las épocas de exámenes, su preparación no tiene por qué implicar pasarte horas encerrado estudiando y renunciar a todas las actividades que realizas siempre. Se trata de tener muy claro qué es lo que hay que hacer y dedicarte a ello con los cinco sentidos.

✓ **Estrategias de estudio**

• Estudia siempre en la misma posición. Lo mejor es hacerlo sentado en una postura correcta en una mesa con buena iluminación.

• Pacta con tu familia las horas de estudio y cierra la puerta para no distraerte.

• Evalúa constantemente el trabajo. Así, te darás cuenta de que siempre puedes rendir un poco más y poner más interés y atención en lo que estás realizando.

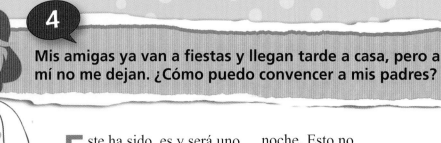

4

Mis amigas ya van a fiestas y llegan tarde a casa, pero a mí no me dejan. ¿Cómo puedo convencer a mis padres?

E ste ha sido, es y será uno de los principales motivos de desencuentro entre los padres y los hijos adolescentes.

Pero debes tener claro que tus padres no pueden dejar de lado su responsabilidad ni optar por no ejercerla porque a tus amigos, y eso habría que verlo, les dejen llegar a casa a la hora que quieran.

Según los expertos, entre los 13 y los 14 años y hasta los 16 la hora máxima de llegada a casa debería ser las 10.00 de la noche. Esto no significa que algún día, y a modo de excepción, tus padres te den más margen de horario.

Si quieres que tus padres eliminen esas normas que tanto te molestan, debes saber que es una batalla perdida de antemano. Así que sal y diviértete al máximo dentro del horario fijado. No te compensa perder tiempo en discusiones inútiles ni tampoco arriesgarte a padecer las consecuencias de desobedecer en este aspecto a tus padres ya que suelen traducirse en quedarte castigada en casa el fin de semana siguiente.

5

Noto que cada vez estoy de peor humor y que todo me sienta mal, ¿me estará cambiando el carácter?

L os cambios de humor son una de las «señas de identidad» de los adolescentes. Entre otras cosas, se deben a la revolución hormonal, al hecho de tener que plantar cara a situaciones nuevas, a los sentimientos de inseguridad y baja autoestima frecuentes en este momento y, simplemente, a que no te sientes a gusto.

Los principales destinatarios de tu mal talante son tus padres y hermanos (los amigos suelen librarse). Muchas veces, ese enfado es la forma de encubrir una sensibilidad a flor de piel: en vez de contar tus problemas y desahogarte porque, por ejemplo, la chica que te gusta no te corresponde, optas por gritar a tu hermana pequeña o protestas porque no te gusta lo que hay para comer.

✓ **Un consejo...**

No te preocupes: el enfado es ahora una simple estrategia de actuación y poco a poco aprenderás a canalizar tus emociones hacia aquellas circunstancias que las han producido, sin echar la culpa a las personas más cercanas a ti.

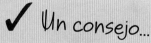

6
Últimamente no me apetece contarles nada a mis padres. ¿Cómo puedo volver a hablar con ellos?

Durante la adolescencia es normal que las relaciones entre los padres y los hijos cambien por varios motivos: los padres, hasta ahora referentes absolutos, empiezan a ser sustituidos por los amigos, quienes pasan a adoptar el rol de confidentes y cuyas opiniones adquieren ahora una importancia máxima. Además, se desarrolla una desconfianza hacia todo lo que ellos dicen, ya que se considera que están pasados de moda.

La mayoría de los adolescentes también piensa que sus padres no les tienen en cuenta. Lo que ocurre es un problema de comunicación: cuando tus padres intentan saber algo de ti, tú te cierras; entonces ellos esperan que seas tú quien se abra a ellos, reacción que interpretas como desinterés hacia ti.

Recuperar la confianza perdida es tan sencillo como deshacer ese círculo vicioso en el que estáis.

7
Mi madre siempre critica la ropa que llevo y me dice que así no puedo salir de casa. ¿Lo hace por fastidiar?

Esta queja ha sido muy típica generación tras generación de adolescentes.

Se trata de un mero desacuerdo sobre las modas imperantes, algo totalmente comprensible teniendo en cuenta que pertenecéis a épocas distintas: es normal que tu madre, excepto si pertenece al grupo de madres muy modernas, que también existen, por sistema se muestre reticente a todo lo que se salga de lo que ella considera «lo normal»; y también es lógico que tú sigas las tendencias de la época que te ha tocado vivir.

Lo que ocurre es que a veces esas tendencias se llevan al extremo e incluso pueden convertirse en una actitud de desafío, y ahí entra en juego otro aspecto que no tiene nada que ver con lo que llevas puesto: la necesidad por parte de tu madre de establecer unos límites.

Este tipo de situaciones se resuelven bastante bien mediante la negociación. Por ejemplo, si te prohíbe salir de casa maquillada, pacta con ella pintarte solo los ojos o usar maquillaje únicamente los fines de semana.

8 Antes era una persona muy desinhibida, pero ahora estoy muy pendiente de lo que pensarán de mí y me corto mucho. ¿Por qué me importa tanto el qué dirán?

Este cambio de actitud es consecuencia de la falta de autoestima que se agudiza en muchos jóvenes durante la pubertad. Se traduce en una continua búsqueda de la autoafirmación, oscilando entre la timidez y el descaro, sin encajar todavía en una sociedad «de adultos» y manteniendo el inconformismo juvenil como lema principal.

Además, la cantidad de cambios físicos y psíquicos y la rapidez en la que se producen pueden crearte mucha inseguridad: sientes que no conoces tu nuevo cuerpo ni controlas tus nuevos sentimientos y esto hace que ahora te muestres cohibido, por muy extrovertida que sea la naturaleza de tu carácter.

✓ **Un primer paso...**

No creas que eres la única persona que se siente así y que los demás te ven como una persona extraña. No debe preocuparte lo que piensen los demás, es algo que no puedes controlar. Dedícate a mejorar tu opinión sobre ti mismo y deja de analizarte y exigirte tanto.

9 La madre de mi mejor amiga es genial: siempre dice que, más que madre, ella es amiga de sus hijos. ¿Por qué mis padres no son así?

Afortunadamente, tus padres no comparten esta opinión. Esta idea es un error porque este tipo de amistad es imposible pues no es la función que tiene que desarrollar un padre ni la que los hijos necesitan de ellos.

Durante la adolescencia, la parcela de la amistad ya está cubierta por el grupo de amistades. El hecho de que un padre se comporte como amigo propicia que los hijos, inconscientemente, se permitan unas licencias que se pueden volver en su contra.

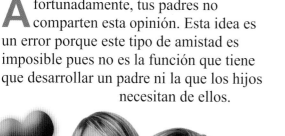

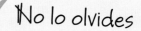

✓ **No lo olvides**

Aunque ahora te cueste entenderlo, los límites que te marcan tus padres son imprescindibles para mantenerte centrado y con un punto de control dentro de esa vorágine existencial que estás viviendo.

En mi casa nunca me escuchan ni me tratan como una persona adulta. ¿Qué hago para que me tengan más en cuenta?

Esta queja es el claro reflejo de una de las dualidades más características en el comportamiento de los adolescentes: por un lado, enarbolan la bandera de la autonomía y la independencia y, por otro, reclaman la misma atención por parte de sus padres que cuando eran niños pequeños.

Reconócelo: por mucho que asegures pasar de ellos, la opinión de tus padres y la atención que te prestan sigue siendo fundamental para ti. Tus padres se mostrarán gratamente sorprendidos si un día les comentas tu malestar por la forma en la que te tratan, les haces notar que tu visión de la realidad ha cambiado y les pides que te dejen de tratar como cuando eras pequeño. Ten por seguro que ellos realizarán el esfuerzo y tú te sentirás mejor.

¿Es lo mismo adolescencia que pubertad? ¿Cuánto dura cada una?

Aunque se trata de dos conceptos muy relacionados, no son lo mismo. La pubertad se podría definir como la primera fase o el punto de partida de la adolescencia, la cual ocupará un periodo más amplio.

Cuando se habla de pubertad se suele hacer alusión a las manifestaciones físicas de la madurez sexual (todos esos cambios que se producen en tu organismo), mientras que la adolescencia se refiere más al proceso de adaptación a esos cambios corporales desde el punto de vista psicológico y emocional.

El momento de inicio de la pubertad es muy variable, ya que son muchos los factores que inciden en ella: la zona geográfica en la que se vive, la herencia genética, la alimentación y el estilo de vida. Igual de variable es el momento en que se considera que este proceso ha terminado. Como media, se dice que la pubertad termina en torno a los 14 años, mientras que la adolescencia se prolonga hasta los 19 años.

2. Conoce tu propio cuerpo

12 ¿Puede saber el ginecólogo, mediante una exploración, que ya no soy virgen?

La exploración genital que el especialista realiza tiene como objetivo comprobar que el estado de tu aparato reproductor está en perfectas condiciones y descartar que haya algún indicio de infección o de enfermedad de transmisión sexual.

En cuanto al hecho de haber mantenido relaciones sexuales o no, lo que sí puede comprobar el ginecólogo es el estado del himen (la «membrana de la virginidad»), constatando si está intacto o no, aunque el hecho de que esta membrana esté rota puede deberse a una actividad física intensa o a un golpe en la zona.

✓ ¿Sabías que...?

En algunas religiones, como la judía y la islámica, la integridad del himen hace que la mujer preserve el honor de su familia y todos sus derechos. Es un rasgo muy importante de esta cultura porque conlleva ciertas connotaciones espirituales de gran tradición, además de resultar un requisito imprescindible para el matrimonio.

13 ¿Son normales esas manchas blancas que a veces aparecen en mis braguitas?

Además de normales, hay que saber que en absoluto tienen nada que ver con la falta de higiene. Son resultado de un fenómeno orgánico que aparece en la adolescencia y tiene su origen en los estrógenos que activan tu sistema reproductor. Es la «autolimpieza» a la que se somete la vagina y que consiste en la regeneración constante de la mucosa que la recubre.

Estas manchas son más notorias cuando llevas unos pantalones ajustados y a mitad del ciclo menstrual, coincidiendo con la ovulación. En caso de que estas pérdidas se vuelvan amarillentas o verdosas y además vayan acompañadas de escozores o picores, hay que consultar al ginecólogo porque puede tratarse de síntomas de alguna infección vaginal.

Aproximadamente el 50 % de las adolescentes padecen dismenorrea o dolor menstrual de mayor o menor intensidad y en un 10 % de los casos esta molestia les impide asistir a clase.

Hay evidencias de que la actividad sexual puede disminuir los síntomas del síndrome premenstrual, ya que las contracciones vaginales del orgasmo, junto con la posterior relajación, palían el dolor, alivian los calambres y la menstruación es más llevadera.

Después de los embarazos, también disminuye el dolor, ya que el canal del útero, que en la adolescencia está cerrado, queda más abierto tras el paso del bebé, por lo que las reglas resultan menos dolorosas.

✓ **Trucos útiles**

Para aliviar los dolores menstruales, haz ejercicio suave. Este produce una vasodilatación que hace que la zona se relaje y las molestias sean menos intensas.

15 ¿Cómo puedo saber si estoy en mi peso o si me sobra algún kilo?

Calcula tu Índice de Masa Corporal (IMC) a través de esta fórmula:

$$\frac{\text{Tu peso (en kilos)}}{\text{Tu estatura al cuadrado (en metros)}}$$

Resultados

adecuado	ligero sobrepeso	obesidad
entre 20-25	entre 25-30	más de 30
✓	(i)	✗

Observa este ejemplo: una chica de 18 años mide 1,65 cm y pesa 57 kg.

$$1,65 \times 1,65 = 2,7225; \quad \frac{57}{2,7225} = 20,9$$

Su peso está dentro de los baremos adecuados.

Tras realizar este cálculo, conviene contrastarlo con un especialista. Si debes perder peso, plantéatelo como una meta lógica. El objetivo que se debe alcanzar con una dieta de adelgazamiento no debe ser mayor del 10 % del peso inicial, y esto se puede conseguir en un tiempo de más o menos seis meses, siempre que no haya algún problema o patología previos.

16

X Realidad

✓ Mito

¿Las chicas que tienen los pechos grandes son más activas sexualmente?

Se trata de una creencia sin ningún tipo de base que, seguramente, tiene su origen en muchas de las fantasías eróticas que suelen tener los hombres.

Los pechos son una de las principales zonas erógenas de la anatomía femenina, debido en gran medida al buen número de terminaciones nerviosas situadas en el pezón, y porque son una de las primeras zonas en las que se fijan los chicos. Pero su tamaño no tiene nada que ver con el hecho de que las chicas sean más o menos activas.

Sí es cierto que según los cánones estéticos actuales, los pechos grandes son sinónimo de atractivo físico, y el hecho de adecuarse a él puede suponer en algunas jóvenes un refuerzo de la autoestima tal que las haga comportarse de forma más desinhibida ante el sexo.

17 ¿Es cierto que los chicos se masturban más que las chicas?

Efectivamente. Hay evidencias de que la frecuencia de la práctica masturbatoria es mayor en el caso de los chicos. También se ha confirmado que chicos y chicas se masturban de forma distinta.

En los chicos es un acto más mecánico y rápido, mientras que las chicas suelen fantasear más. La menor frecuencia, al menos confesada, de la masturbación femenina puede tener una explicación tanto fisiológica como sociocultural.

Si bien en tiempos pasados la masturbación era falsamente considerada un vicio con consecuencias graves para la salud, la masturbación femenina estaba aún peor vista e incluso se le atribuía una relación directa con dolencias como la leucemia o el cáncer de mama.

✓ Curiosidad histórica

Durante la Revolución industrial en el Reino Unido, se vigilaba muy de cerca a las mujeres que trabajaban con máquinas de coser a pedales, ya que se consideraba que sus movimientos podrían producir una excitación sexual tal que las llevara a masturbarse.

18 No me gusta mi nariz, me acompleja. ¿A qué edad puedo operarme?

Según las encuestas, el procedimiento más solicitado por las adolescentes es la rinoplastia (operación de la nariz) y la otoplastia o cirugía de las orejas; le siguen la liposucción y la cirugía estética del pecho, tanto para aumentarlo como para reducirlo.

La legislación al respecto varía según los países, pero la mayoría de los cirujanos no son partidarios de las operaciones de estética a menores de 16 años sin la presencia ni el consentimiento de sus padres. En algunas clínicas se solicita un test psicológico del paciente antes de realizar la intervención.

Según un sondeo entre 100 cirujanos faciales llevado a cabo por la Academia Estadounidense de Cirugía Plástica y Reconstructiva, el 49 % de ellos operaron a pacientes que habían recibido este procedimiento como un regalo o como premio por aprobar.

Los especialistas insisten en que nunca se debe operar un cuerpo que está aún en desarrollo y tampoco recomiendan las liposucciones y las cirugías de aumento o reducción de pecho antes de los 18 años, edad en la que se da por terminado el desarrollo hormonal.

Los especialistas opinan que ninguna cirugía cambia la vida ni el carácter, a no ser que se utilice para eliminar un defecto físico determinado. Por ello antes de operarte debes tener en cuenta:

- No es aconsejable operar la nariz hasta tener los 14-15 años, que es cuando termina la etapa del desarrollo.

- Comprueba que el médico tiene la cualificación necesaria y verifica su formación. El médico debe estar especializado en esta materia.

- El especialista cualificado debe realizar la intervención en un centro u hospital que cuente con el apoyo médico necesario así como los medios suficientes para hacer frente a la operación.

- Si un médico se niega a operar es algo positivo: un buen profesional es capaz de discernir cuándo una intervención es necesaria y va a mejorar el aspecto físico o cuándo es innecesaria y su petición viene motivada por modas y caprichos.

3. Higiene y aspecto físico

19 ¿A qué edad tengo que empezar a usar desodorante?

Comienza a usarlo en cuanto empieces a notar cambios en tu organismo, ya que en la pubertad, debido a las hormonas, entran en acción nuevas glándulas llamadas sudoríparas que hasta este momento estaban en reposo.

Para evitar el olor mantén muy limpias las axilas, elige un desodorante que se adapte bien a tu piel y que no lleve alcohol (bien sea barra, roll-on o spray). Opta por las prendas de ropa más frescas, como las fibras naturales (algodón, lino…), que permitirán la transpiración. En caso de hiperhidrosis (exceso de sudoración), deberás consultarlo con tu médico.

20 ¿Qué puedo hacer para sentirme «limpia» los días que tengo la menstruación?

Tu zona genital está recubierta por un escudo protector que la defiende de las agresiones externas; sin embargo, los cuidados inadecuados, el uso de productos agresivos o la acción de algunos tejidos pueden hacerlo desaparecer, dando lugar a molestias como el picor, la irritación o la sequedad.

Durante la menstruación tienes que lavar esta zona con más frecuencia, utilizando poca cantidad de jabón o gel, que debe ser lo más suave y específico. No apliques el producto directamente: disuélvelo en agua y limpia de delante hacia atrás para evitar que las bacterias del ano pasen a la vagina.

Usa siempre prendas de algodón, ya que los tejidos sintéticos no dejan que los genitales transpiren y alteran el equilibrio natural de esta zona, favoreciendo la aparición de infecciones.

✓ Consejos prácticos

Cuando tengas la regla, debes cambiarte la compresa o tampón cada pocas horas y utilizar como complemento las toallitas de higiene íntima, que son ideales por su acción limpiadora y por la sensación de frescura que proporcionan.

Slip o bóxer, ¿cuál es el tipo de calzoncillo más adecuado?

Cuando surge esta disyuntiva, curiosamente suelen ser las chicas las que opinan al respecto y se inclinan por un modelo u otro: en todas las encuestas realizadas entre las chicas, el modelo bóxer ha ganado por mayoría aplastante.

Pero lo más importante es que la ropa interior resulte cómoda y, sobre todo, que se adapte a las nuevas medidas que ha adquirido tu cuerpo en esta zona. No pasa nada si le dices a tu madre que los calzoncillos se te han quedado pequeños.

✓ **Diferencias básicas**

- **Bóxer:** proporciona una mayor sensación de libertad. Hay dos diseños: con botones o broches de metal o con elástico con un corte de tela frontal.

- **Slip:** lleva elásticos y se ajusta mejor.

- **Bóxer corto:** se ajusta igual que un slip pero tiene la pernera larga.

También existen modelos con o sin costuras. El algodón es el tejido más recomendable aunque también se encuentran diseños en lycra o microfibra.

Deberás ir probándolos para elegir.

¿Qué ventajas tiene el tanga frente a la braguita? ¿Es cierto que en algunos países las jóvenes tienen prohibido su uso?

Ambas prendas tienen detractoras y defensoras acérrimas. El objetivo del diseño del tanga no es ofrecer comodidad, sino invisibilidad: resultan ideales para lucir ropa ajustada sin que se marquen las costuras. Sin embargo, a algunas usuarias les resulta sumamente incómodo.

Las braguitas sujetan más, pueden disimular el exceso de vientre y dan una mayor sensación de seguridad. Se use una u otra, estas deben ser prendas elaboradas con tejidos transpirables y confortables.

Hace unos años, en algunos institutos de Francia se prohibió el uso del tanga por considerarlo indecoroso ya que las chicas dejaban la ropa interior a la vista, sobre todo cuando se sentaban.

También en EE.UU. se puso en marcha la propuesta de una legislación por la que se pretendía declarar ilegales los pantalones de talle bajo porque dejaban al descubierto la ropa interior y se veía la piel.

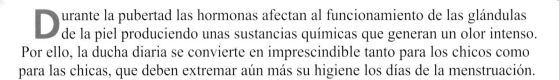

23 ¿Pasa algo si no me ducho todos los días?

Durante la pubertad las hormonas afectan al funcionamiento de las glándulas de la piel produciendo unas sustancias químicas que generan un olor intenso. Por ello, la ducha diaria se convierte en imprescindible tanto para los chicos como para las chicas, que deben extremar aún más su higiene los días de la menstruación.

La elección del momento de la ducha, por la mañana o por la noche, depende de tus preferencias y estilo de vida. Y siempre que practiques algún deporte, te debes duchar. También es recomendable cambiarte de ropa, tanto interior como exterior, si has sudado.

Recuerda: el desodorante siempre es un complemento de tu higiene, nunca un sustituto.

✓ **Te interesa**

Es aconsejable utilizar todos los productos de aseo del mismo olor o con aroma neutro. La mezcla de olores muy dispares puede resultar desagradable.

24 ¿Qué le ha pasado a mi trasero? Está enorme y no sé cómo disimularlo. ¡Quiero volver a usar pantalones!

✓ **Debes ponerte...**

- Pantalones rectos que producen el efecto de estrechar la cintura y alargar las piernas.

- Pantalones pitillo con la parte inferior de la pernera un poco más ancha.

- Pantalones con bolsillos traseros y bordados detrás.

- Blusones, chaquetas o túnicas.

✗ **No debes ponerte...**

- Pantalones de pinzas y aquellos que son muy anchos por arriba y muy estrechos por abajo. La figura da un efecto «globo».

- Ropa ajustada y prendas con las cinturillas muy fruncidas.

Las nalgas son una de las zonas por las que los acúmulos de grasa parecen tener predilección, de ahí que muchas adolescentes noten que los vaqueros y otros modelos de pantalón ya no les sientan igual de bien que antes.

Esto no quiere decir que tengas que renunciar a usarlos: la solución está en realizar algunos ajustes en tu fondo de armario y buscar combinaciones de prendas que te favorezcan más.

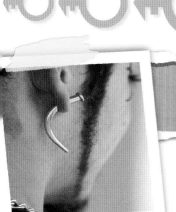

25 ¿El piercing y los tatuajes implican algún riesgo?

Si aún no has cumplido la mayoría de edad, tú deberás pedir permiso a tus padres para hacértelos.

Lo fundamental es que el local donde te los vayas a hacer reúna todas las condiciones sanitarias exigidas: zonas de recepción, de esterilización de materiales y de trabajo bien diferenciadas. Comprueba que el profesional que realiza el piercing o el tatuaje lleve bata, mascarilla, guantes y calzado específico.

Tener en cuenta todos estos aspectos es muy importante, ya que sin la higiene adecuada se corre el riesgo de contraer una hepatitis vírica.

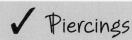 ✔ **Piercings**

Primero debes elegir el modelo que desees. El «anillador» te tiene que dar información clara y detallada de cuáles son los modelos más adecuados para cada parte del cuerpo, de qué material está hecho y qué cuidados precisa.

Hay algunas zonas que presentan más riesgo que otras:

- La nariz favorece las hemorragias.

- La boca es más propensa a las infecciones por la humedad constante de los labios.

- En la lengua son frecuentes los desgarros y, según los odontólogos, se pueden producir problemas dentales.

 ✔ **Tatuajes**

Para tatuarte, acude con las ideas claras: lleva varios modelos y pide consejo a la persona que te va a tatuar. Cuanto más grande y laborioso sea el diseño, más tiempo llevará realizarlo (una o más sesiones) y, según la zona, puede ser más o menos doloroso.

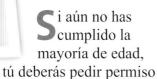

Inconvenientes del tatuaje:

- Se elimina solo mediante la utilización de láser.

- Puede producir alergias e infecciones cutáneas derivadas de la tinta. Si se realizan en la zona lumbar, impiden la aplicación de la anestesia epidural.

17

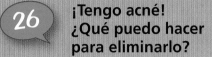

✓ ¿Y las cicatrices?

Las cicatrices o zonas rojas que suele dejar el acné mejoran de forma espontánea con el paso del tiempo. Si no es así o quieres acelerar su mejoría, hay tratamientos muy eficaces como los peelings químicos o los tratamientos láser que siempre deben ser aconsejados y supervisados por un dermatólogo.

26 ¡Tengo acné! ¿Qué puedo hacer para eliminarlo?

La causa principal del acné en la pubertad es la mayor producción de grasa en las glándulas sebáceas.

Para combatirlo, los dermatólogos recomiendan hacer a diario una correcta limpieza de la piel dos veces al día, con un jabón suave y secando sin friccionar. No se aconseja manipular los granos, ya que al apretarlos se corre el riesgo de transformarlos en una lesión más duradera y favorecer las cicatrices.

No hay ningún alimento que en principio empeore el acné, pero sí que está demostrado que seguir una dieta equilibrada, en la que abunden las frutas y las verduras, mejora el aspecto de la piel.

27 Creo que las chicas rubias resultan más atractivas. ¿Puedo empezar a teñirme?

Más de una investigación apunta que sí: las rubias podrían resultar más sexys. Según algunos estudios, un 85 % de las chicas morenas piensa que los hombres que se sienten atraídos por las rubias solo buscan sexo. Frente a esto, el 30 % de las rubias considera que los hombres flirtean con las morenas... cuando no hay una rubia cerca.

Si decides cambiar tu color de pelo, debes tener en cuenta tus rasgos físicos: el rubio no sienta bien a todo el mundo porque depende del color de piel, los ojos, los rasgos de la cara, etc.

✓ Cuidados del pelo

- Si tu pelo es muy oscuro, tienes que decolorarlo en la peluquería para eliminar todo rastro del color original.

- Teniendo en cuenta que el pelo crece casi un centímetro al mes, deberás estar pendiente de retocar las raíces.

- Usa un champú hidratante y mascarillas reparadoras para minimizar el daño que los productos con los que se elabora el tinte (sobre todo el amoniaco) producen sobre la fibra capilar.

Pese a que es uno de los datos que deberíamos saber siempre, lo cierto es que nueve de cada diez mujeres desconoce las medidas de su pecho.

Sin embargo, elegir el modelo y tamaño de sujetador más adecuado a nuestra fisonomía es tan importante que muchos expertos en el tema no dudan en afirmar que casi es mejor no ponerse sujetador que llevar una talla inadecuada.

✓ Calcula tu talla

La talla del sujetador tiene dos medidas:

- **El contorno:** mide justo por debajo del pecho rodeando todo el tórax con la cinta métrica. El dato obtenido se corresponde con las tallas numéricas: 80, 85, 90, 95…

- **La copa:** mide el pecho por su zona más voluminosa, a la altura del pezón. El tamaño resultante se corresponde con letras: A para la más pequeña y D para la más grande.

Para que los resultados de ambas mediciones sean correctas, hazlas sin ropa y los días del mes en los que no tengas la regla.

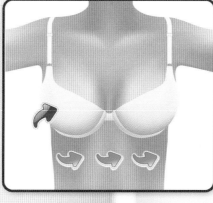

✓ Requisitos de un sujetador

- No debe ser muy ajustado porque puede producir dolor de cuello y cabeza, además de dificultar el drenaje linfático del pecho.

- Elige modelos con tirantes anchos y cámbialos a menudo de posición para evitar que se produzca un hundimiento en los hombros.

- Si lleva aro, asegúrate que sea adecuado al tamaño de tu pecho.

- Si es de encaje, que sea de buena calidad, para evitar que roce tu piel.

- Recuerda que un sujetador sienta bien si al cerrarlo en el centro se ajusta sin oprimir ni hacer pliegues.

✓ Debes saber...

Es absolutamente necesario que utilices un sujetador específico al hacer deporte ya que, al realizar actividad física, el movimiento aumenta proporcionalmente al tamaño del pecho. Si no lo utilizas, por cada 1.500 m que corres, tu pecho rebota aproximadamente el equivalente a 135 m.

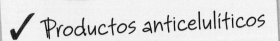

✓ Productos anticelulíticos

- Los anticelulíticos incorporan sustancias capaces de disolver las grasas acumuladas y prevenir la formación de celulitis futura.

- Se recomienda su uso diario mediante un masaje con movimientos suaves. La dirección tiene que ser siempre hacia arriba, para facilitar así la circulación de retorno.

- En la zona del abdomen, lo mejor es realizar movimientos circulares, en el sentido de las agujas del reloj, hasta su total absorción.

Ciertas etapas de la pubertad favorecen la aparición de la celulitis y un exceso de volumen, ya que desencadenan la retención de líquidos y la acumulación de grasa en determinadas zonas del cuerpo: muslos, caderas, nalgas e incluso en la cara interna de las rodillas.

Esto se produce por los adipocitos, las células grasas de nuestro cuerpo. Cada mujer cuenta con unos 35 millones de estas células, las cuales pueden almacenar tal cantidad de grasa que aumente hasta 27 veces su tamaño, dando lugar a los peculiares hoyuelos que caracterizan a la celulitis.

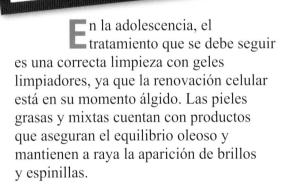

30   ¿Debo empezar a usar cremas faciales? ¿Qué tipo de productos son los más aconsejables? ¿Los chicos también tienen que recurrir a las cremas?

En la adolescencia, el tratamiento que se debe seguir es una correcta limpieza con geles limpiadores, ya que la renovación celular está en su momento álgido. Las pieles grasas y mixtas cuentan con productos que aseguran el equilibrio oleoso y mantienen a raya la aparición de brillos y espinillas.

Lo ideal es utilizar estos productos dos veces al día: por la mañana, antes de aplicar la hidratante y el maquillaje, y por la noche, para eliminar todos los restos de suciedad, permitir que la piel «respire» y favorecer la reparación celular que se produce durante la noche.

En cuanto a los chicos, la limpieza debería ser incluso más intensa, ya que la secreción de sus glándulas sebáceas es mayor, de ahí que tengan más problemas de espinillas y acné.

✓ La fotoprotección

Es muy importante utilizar productos adecuados al tipo de piel, al nivel de UV y al tiempo de exposición al sol.

El producto se aplica en casa, siempre sobre la piel limpia y seca, 30 minutos antes de tumbarse al sol y se repite su aplicación cada 3-4 horas. No olvides zonas como la nuca, las ingles, las orejas, y los labios.

31 **¿Qué dietas son más efectivas para perder peso sin poner en riesgo mi salud?**

Solo las dietas a largo plazo son las más efectivas: incluyen todos los nutrientes, restringen los alimentos que engordan más, como el pan, los dulces o el alcohol, y son las únicas que se complementan con la práctica de ejercicio para quemar calorías.

Todos los expertos coinciden en que, durante la adolescencia, uno de los grandes fracasos en la pérdida de peso es la búsqueda de la perfección.

Muchos jóvenes que han iniciado una dieta con una gran fuerza de voluntad fracasan porque buscan la perfección: cuando una semana no pierden el peso que esperaban o por alguna causa no cumplen la dieta, abandonan, por lo que nunca llegan a alcanzar y mantener su peso saludable y deseado.

✓ No a las dietas «milagro»

Son demasiado restrictivas, se basan en teorías cuya base dietética o científica no está contrastada. La pérdida de peso que ofrecen es ilusoria, ya que este se recupera en cuanto se abandonan. Pero lo más grave es que muchas de ellas, además de trastocar el metabolismo, pueden tener graves consecuencias para la salud:

- **Un aporte calórico muy bajo**, lo que a su vez puede tener consecuencias como mareos, malestar general, o alteraciones gastrointestinales. Muchas de ellas pueden llegar a alterar ciertas funciones orgánicas, como es el caso de las que solo permiten comer proteínas.

- **Déficit nutricional** porque, al primar la ingesta de un tipo de alimento sobre otros, se producen carencias, sobre todo de ciertas vitaminas y minerales.

- **No cambian los hábitos alimenticios** que, en definitiva, es lo que persiguen todas las personas que tienen kilos de más. Esta es la única forma saludable de perder peso manteniéndose delgados para siempre.

32 ¿Cuántas horas debo dormir para funcionar «a pleno rendimiento»?

Las últimas investigaciones realizadas al respecto lo han dejado claro: durante la pubertad y la adolescencia se necesitan entre 8-9 horas de sueño nocturno.

Esta cantidad, además de garantizar el descanso adecuado, asegura el correcto funcionamiento de tu cerebro, ya que está demostrada la estrecha relación que existe entre unas pautas de sueño inadecuadas y algunas alteraciones neuronales. Se sabe que la alteración del sueño afecta al hipocampo, la región del cerebro que se relaciona con los recuerdos y aumenta los niveles de corticosterona, conocida como la hormona del estrés, lo que produce una pérdida temporal de memoria y el bloqueo en la recuperación de información hasta una hora después de ceder la situación de tensión. Esta es una de las razones por la que los jóvenes que no duermen lo suficiente se quedan «en blanco» en los exámenes.

Otra razón para irte pronto a la cama: una reciente investigación llevada a cabo por expertos de la Universidad de Columbia (EE.UU.) ha demostrado que aquellos adolescentes que duermen las horas necesarias tienen hasta un 25 % menos de posibilidades de estar deprimidos y un 20 % menos de tener pensamientos suicidas.

Otras consecuencias constatadas de la falta de sueño en la adolescencia pueden ser una mayor predisposición a la obesidad y a la diabetes tipo 2, además de una mayor tendencia a las actitudes impulsivas.

✓ Te conviene...

Establecer unas pautas de sueño adecuadas:

- Procura acostarte y levantarte todos los días a la misma hora.

- No consumas excitantes tipo café o bebidas con cafeína ni hagas ejercicio en las horas previas a irte a dormir.

- Asegúrate de que tu habitación esté debidamente ventilada y duerme en una cama cómoda, adaptada a tu nueva estatura.

33 ¿Qué es la «enfermedad del beso» y cómo se evita el contagio?

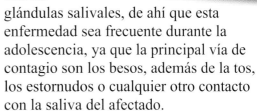

La mononucleosis, también conocida como la «enfermedad del beso», se llama así porque se transmite principalmente por la saliva. Es un tipo de infección producido por el virus de Epstein-Bar, que presenta síntomas similares a los de una gripe pero con dos señas de identidad características: la inflamación de las glándulas localizadas debajo de los brazos, en la ingle, en el cuello y en otras zonas del cuerpo, y una sensación intensa de cansancio.

Se diagnostica con un análisis de sangre. Uno de los órganos más afectados son las glándulas salivales, de ahí que esta enfermedad sea frecuente durante la adolescencia, ya que la principal vía de contagio son los besos, además de la tos, los estornudos o cualquier otro contacto con la saliva del afectado.

El periodo de contagio puede extenderse hasta seis meses. El tratamiento consiste en el alivio de los síntomas (antitérmicos, analgésicos) y, sobre todo, mucho reposo.

La mejor forma de prevenirla es evitar el contacto con la persona afectada. En la mayoría de los casos, esta enfermedad no deja ningún tipo de secuelas ni presenta complicaciones.

✓ **Debes saber...**

Puede ocurrir que ante situaciones como un viaje, un examen o un momento de especial estrés, ansiedad o cambios importantes en el ritmo de vida, la regla se altere e incluso es posible que en alguna ocasión falte durante un mes. En estos casos no debe constituir un motivo de preocupación.

34 ¿Es normal que mis ciclos menstruales sean tan irregulares? ¿Cuándo debo consultar al médico?

Es normal que los primeros periodos sean muy irregulares, ya que por lo general tu organismo suele tardar varios meses o años en ajustarse a los cambios hormonales.

Al principio, puede ocurrir que entre sangrado y sangrado pasen entre 35 y 65 días. También es frecuente que las primeras reglas duren unos dos o tres días más que las reglas ya estabilizadas. Incluso las mujeres más regulares tienen de vez en cuando algún mes en el que la menstruación se altera. Tienes que observar tu cuerpo: si en el plazo de dos o tres años después de la primera menstruación tus reglas siguen siendo muy irregulares, debes consultar a tu médico los motivos del trastorno menstrual.

35

Cuando estoy muy nerviosa me pongo a comer sin parar. ¿Seré una comedora compulsiva?

E l comportamiento compulsivo suele estar desencadenado por una experiencia o emoción negativa que produce una angustia que solo puede calmarse con comida, especialmente con carbohidratos.

Aunque las causas que lo originan aún son desconocidas, se sabe que más del 50 % de los pacientes presentan síntomas depresivos. Las personas que lo padecen tienen unos niveles de autoestima muy bajos, son excesivamente perfeccionistas y autoexigentes y tienen tendencia a las reacciones impulsivas. En el caso de las chicas, los atracones puntuales son más frecuentes durante el síndrome premenstrual. Es importante ponerse en manos de un especialista para aprender a afrontar la ansiedad.

✓ Hábitos del comedor compulsivo

- Comer con mucha rapidez.
- Después de las comidas, sentirse incómodamente lleno.
- Ingerir grandes cantidades de alimentos sin tener sensación de hambre.
- Realizar grandes ingestas sin ninguna planificación horaria y hacerlo siempre a solas y después sentirse a disgusto, deprimido y culpable.

36

Mi mejor amiga nunca tiene apetito y cada vez está más delgada. ¿Cómo puedo saber si tiene anorexia?

✓ Síntomas de la anorexia

- Rechazo continuo a todo lo que contenga grasas o azúcares.
- Querer comer siempre a solas y esconder alimentos.
- Provocarse el vómito (algo que puedes deducir si tiene el esmalte dental desgastado o tiene callos en los nudillos de las manos).
- Usar ropas amplias para ocultar su cuerpo y disimular así su pérdida de peso.
- Irritabilidad y cambios de humor, así como alteraciones menstruales y frecuentes mareos motivados por descensos importantes de la tensión arterial.
- Negativas cuando se les pregunta o se les menciona la enfermedad.

T anto en las chicas como en los chicos que la padecen, la extrema delgadez es el signo más visible de la anorexia.

Si detectas alguno de estos síntomas comunes a la enfermedad, no lo dudes: pon el tema en conocimiento de un adulto (familiar, profesor, médico…) y que este lo ponga en manos de un especialista. La cura debe comenzar con un cambio de comportamiento y de actitud.

37 A todas mis amigas les ha venido la regla menos a mí. ¿Hasta qué edad es normal no tener la menstruación?

Lo habitual es que la primera menstruación se produzca entre los 10 y los 16 años, por lo que el margen de edad es muy amplio. En él intervienen factores genéticos, nutricionales, el estilo de vida, etc. Por eso, es frecuente que entre un grupo de amigas de la misma edad alguna de ellas aún no haya tenido su primera regla.

Más importante que la menstruación es que en tu cuerpo se hayan producido los otros cambios propios de la pubertad, como la aparición del vello o el desarrollo de los senos. Generalmente, unos dos años después del inicio de estos cambios suele presentarse la menstruación. Si ves que esto no ocurre pasados los 16 años, que aún no has empezado a desarrollarte o que ese desarrollo se ha estancado, debes consultar con tu médico para descartar que la ausencia de menstruación se deba a alguna alteración.

38 Me gustaría hacer más deporte. ¿Cuál es el tipo de actividad más recomendable a mi edad?

Los beneficios que la práctica de ejercicio físico tiene para la salud de los adolescentes son evidentes: una de las investigaciones más recientes ha confirmado que una actividad física como caminar 30 minutos diarios tiene un efecto positivo en el correcto desarrollo de los huesos, incluso mayor que la ingesta de calcio.

Entre las actividades que los expertos recomiendan durante esta etapa destacan baloncesto, atletismo, ciclismo, gimnasia, fútbol, judo, kárate, natación, tenis... Todos estos ejercicios tienen también beneficios a nivel psicológico, pues aumentan la autoestima, favorecen el trabajo en equipo y controlan ese nuevo cuerpo que para muchos es casi un desconocido.

✓ Ventajas

Se ha confirmado que practicar deporte es una excelente ayuda en el tratamiento de la anorexia en niños y adolescentes. También es una de las estrategias propuestas por los expertos para alejar a los jóvenes del consumo de drogas y otras sustancias.

39

¿Qué tipo de alimentos debo consumir a diario para estar sano?

Según las recomendaciones dietéticas de la *Food and Nutrition Board of the National Research Council* norteamericana, durante la adolescencia al menos el 50 % de la energía debe proceder de los hidratos de carbono; de un 15 a un 20 % de las proteínas y entre 30-35 % de las grasas.

A diario debes consumir: leche y derivados; carne o pescado; huevos (hasta cuatro veces semanales; cuando sustituyan a una ración de carne o pescado, se deberán comer dos). En cuanto a los alimentos energéticos, toma dos raciones diarias de patatas, arroz, pasta, pan, etc., e hidratos de carbono en el desayuno. Son imprescindibles cinco piezas de frutas y verdura, así como beber dos litros de agua al día.

✓ En épocas de exámenes...

Puedes reforzar tu alimentación con algunas sustancias naturales:

- **Ginkgo biloba:** conocida como «la planta del cerebro», es eficaz para mejorar el rendimiento cognitivo.

- **Jalea real:** estimulante, tonificante y equilibradora del sistema nervioso.

- **Levadura de cerveza:** rica en vitaminas del grupo B, contiene también sales minerales y proteínas. Combate el cansancio.

- **Spirulina:** es una alga azul rica en proteínas y aminoácidos esenciales. Aumenta la resistencia del organismo frente al esfuerzo físico y mental.

Consulta al médico la posibilidad de usarlos, si estás tomando otra medicación, ya que pueden producirse interacciones.

40 Cuando tengo mucho que estudiar, bebo bastante café. ¿Es malo?

El café es sin duda el estimulante más utilizado cuando se trata de mantenerte despierto frente al libro. El secreto está en su ingrediente principal, la cafeína, que ejerce una acción sobre el sistema nervioso central, cuyo efecto es la mejora de la atención y la agudización de los reflejos.

Sin embargo, en exceso puede producir nerviosismo, estrés e incluso propiciar la aparición de palpitaciones, además de favorecer el insomnio.

✓ Claves del consumo de café

No debes sobrepasar la dosis diaria recomendada: unos 200 mg (equivalente a tres o cuatro tazas) son suficientes para aliviar la fatiga, tonificar el cuerpo y favorecer las funciones intelectuales. Consumir una o dos tazas de café al día produce un importante efecto de euforia y mejora el estado de ánimo, alejando el riesgo de depresión.

He empezado a fumar hace poco, ¿qué efectos puede tener el tabaco sobre mi salud?

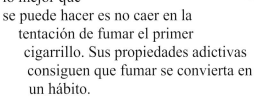

Seguramente creerás que el tabaco es una estupenda arma para parecer mayor, para iniciar una conversación o para tranquilizarte cuando te sientes nervioso. Pero teniendo en cuenta las numerosas evidencias científicas que casi a diario nos alertan sobre los peligros y riesgos de este hábito, todas estas razones resultan superfluas.

Desde el punto de vista del aspecto físico, el tabaco deja unas huellas muy poco favorecedoras porque amarillea los dientes y las puntas de los dedos, hace que la piel luzca mustia y, sobre todo, es el responsable de que tu aliento, tu ropa y tu pelo huelan mal.

Las estadísticas señalan que la mayoría de los fumadores se inician en el hábito entre los 11 y los 14 años, pero lo mejor que se puede hacer es no caer en la tentación de fumar el primer cigarrillo. Sus propiedades adictivas consiguen que fumar se convierta en un hábito.

En las estadísticas está comprobado que si se supera la edad escolar sin caer en el hábito de fumar, es poco probable ser fumador más adelante. No obstante, ten en cuenta los siguientes riesgos del tabaco para tu salud:

- Menor capacidad respiratoria (te cansarás mucho más al correr, al hacer deporte, al bailar...).

- Mayores posibilidades de desarrollar enfermedades como algunos tipos de cáncer, broncopatías y distintos problemas circulatorios y cardiacos.

- Algunos estudios evidencian que los adolescentes que fuman tienen más posibilidades de caer en la tentación de consumir marihuana y otras drogas.

- Es un hábito muy adictivo, por lo que, una vez que empiezas, es muy difícil abandonarlo.

5. Amistades y entorno social

42 ¿Cómo puedo hacer un buen uso de las redes sociales y de internet?

Las redes sociales son un fenómeno que va en aumento, ya que ofrece un gran atractivo para la población adolescente. A golpe de ratón, estas redes ofrecen múltiples maneras de comunicarse sin la necesidad de estar juntos: audio, vídeo, fotos, etc., que permiten contactar no solo con los amigos, sino con los miles de adolescentes conectados en todo el mundo. También son una herramienta muy útil para la vida escolar, ya que ofrecen la posibilidad de pasarse apuntes e intercambiar datos de cara a los exámenes.

✓ Si eres usuario...

- Agrega solo a aquellas person que conozcas.

- Piensa bien antes de publicar algo.

- No ataques ni hagas comentari negativos de otras personas.

- No utilices opciones públicas par mensajes privados; y selecciona bien las aplicaciones que agregas.

43 ¿Es posible tener una relación de amistad, no sexual, entre un chico y una chica?

Sí es posible, aunque resulte difícil. Las relaciones de los chicos entre ellos y de las chicas entre ellas se rigen por patrones distintos, de ahí que la amistad chicos-chicas dependa de cada uno de ellos.

Hay algunas limitaciones que pueden impedir que esta relación sea duradera sin ir más allá: puede aparecer la atracción sexual por alguna de las dos partes, lo que rompería el plano de igualdad. Mientras las chicas son mucho más explícitas a la hora de expresar sus sentimientos, los chicos son más introvertidos, por lo que, más que una amistad, la relación acaba siendo un

tándem entre una que habla y otro que escucha. Puede ocurrir que la pareja de alguno de ellos, por celos, no vea bien la relación. No obstante, si se superan todos estos obstáculos, la amistad entre chicos y chicas puede ser una de las más duraderas y gratificantes que hayas conocido.

Mis compañeros de clase se ríen de mí por mis defectos. ¿Qué hago: paso de ellos o les digo algo?

Se trata de una situación frecuente que se suele dar en ambientes grupales como, por ejemplo, la clase.

Ante todo, debes tener claro que no eres tú quien tiene el problema, sino los que te hacen burla, ya que entre las razones que les llevan a reírse de un compañero están los deseos de llamar la atención, el falso sentimiento de superioridad, que en realidad denota una autoestima tan pobre que hace necesario humillar a otro para enaltecerse él, y la necesidad de aceptación por parte de sus compañeros.

Se comportan así porque es «lo que se lleva» y con ello consiguen sentirse parte del grupo y ser aceptados por otros. El primer paso para plantarles cara es escribir en un lugar visible para ti la siguiente frase, pronunciada por Eleanor Roosevelt: «Nadie puede hacerte sentir inferior sin tu consentimiento».

Si quieres evitar sentirte así, sigue los siguientes consejos; son simples pero ¡funcionan!

Cambia tu diálogo interior: en lugar de pensar «Soy un desgraciado, todo el mundo se mete conmigo», piensa: «¿Qué opinión es más importante: la del que me está molestando o la que yo tengo de mí mismo?».

Ignóralos: aunque al principio te costará un poco, con la práctica podrás olvidar del todo a quienes te molestan. Haz que no los ves, no los oyes o no existen. Tu indiferencia es un arma muy poderosa frente a las críticas.

Visualiza: imagínate dentro de un globo que te preserva de todos los ataques que recibes, vestido con un chubasquero por el que resbalan todas las burlas o convertido en el centro de un punto en el que todas las palabras hirientes adquieren forma de bola y rebotan.

Ríete: es la mejor terapia a la vez que la muestra de la poca importancia que le das al ridículo y a los comentarios negativos. Ten capacidad para convertir una situación hiriente en un episodio cómico.

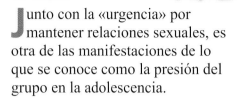

45 Tengo miedo de que mis amigos me critiquen y me den de lado si no me visto como ellos.

Junto con la «urgencia» por mantener relaciones sexuales, es otra de las manifestaciones de lo que se conoce como la presión del grupo en la adolescencia.

La mayoría de los adolescentes siguen los dictados de la moda como la gente de su edad. Y es en el aspecto físico donde se hacen más patentes dos de los rasgos sociales característicos de esta etapa: la sumisión a la mayoría y la falta de criterios personales.

La moda siempre tiene que estar en función de uno y no al revés: de nada sirve que te pongas encima todo lo que se lleva, si te vas a sentir incómodo y fuera de lugar.

Tampoco debes caer en la tiranía de las marcas: no eres mejor ni peor persona por comprar tu ropa en una tienda u otra, ni por pagar mucho dinero por algo. Ajustar el presupuesto de tus padres a tus posibilidades reales es un síntoma de madurez y de personalidad.

Si alguien te da de lado por llevar o no determinada prenda, no merece la pena que se encuentre en tu círculo de amigos.

46

Mi mejor amiga de la infancia se está alejando de mí y ahora prefiere otras amistades. ¿Cómo debo actuar?

Uno de los nexos de unión más fuertes de una relación de amistad es compartir intereses y vivencias. Cuando las circunstancias cambian, estos vínculos se resquebrajan y es normal que las personas se alejen y dirijan sus pasos hacia otras cosas y personas. Esta situación se da con mucha frecuencia en la adolescencia y a menudo se produce a causa de un cambio de clase o colegio.

Lo mejor es que asumas y comprendas la actitud de tu amiga (enfadarse con ella no tiene sentido porque no va a cambiar) y te unas con otras personas que ahora sean más afines a ti.

✓ Debes saber...

No hay nada más libre que la elección de ser o no ser amigo de alguien. No podemos mantener una amistad a la fuerza ni tampoco obligar a nadie a compartir un sentimiento que es espontáneo. Empeñarse en mantener una amistad es algo que nunca funciona.

47

Me siento con gran inseguridad cuando estoy con más gente. ¿Cómo puedo relacionarme mejor? ¿Soy tímido o introvertido?

El aumento de la timidez es un rasgo típico de la adolescencia y está directamente relacionado con las inseguridades que producen los cambios a los que estás sometido y que hacen que, al no estar a gusto con tu cuerpo, te sea más difícil desenvolverte con soltura cuando estás en compañía de otras personas.

La timidez puede surgir como consecuencia de diversos factores: un núcleo familiar autoritario, un exceso de protección por parte de la familia o una situación escolar o social en la que te sientas infravalorado.

Pero no debes confundir timidez con introversión. Las personas introvertidas son aquellas que se sumergen en su burbuja interior y no sienten necesidad de comunicación con los demás. En cambio, el tímido se caracteriza por la dificultad en encontrar las vías necesarias para ello.

• Identifica en qué situaciones aumenta tu inseguridad, asúmelas y ensaya cómo te gustaría comportarte para sentirte más seguro (el método del ensayo suele funcionar muy bien).

• Consigue que las personas dejen de intimidarte: al fin y al cabo, son otros jóvenes como tú (imagínatelos protagonizando situaciones ridículas).

• Acepta los cumplidos y prueba a «tirar tu timidez a la basura» dibujándola en un papel y arrojándola en el contenedor más cercano. Parece muy sencillo, pero realmente funciona.

48

Siempre que me gusta un chico, mi amiga se propone conquistarlo. ¿Por qué hace eso?

La actitud de tu amiga es más habitual de lo que te pueda parecer. La razón es muy sencilla: la rivalidad es un sentimiento innato que subyace en muchas relaciones entre dos mujeres, sobre todo en la adolescencia. Detrás de esto se encuentran la envidia más o menos encubierta y una inseguridad en sí misma que le lleva a medirse contigo para, si logra el objetivo (en este caso, el chico que te gusta), sentirse a gusto consigo misma.

Puede que su intención real no sea hacerte daño, pero las personas que actúan así tienden a repetir una y otra vez este tipo de comportamientos hasta que adquieren un mayor grado de seguridad en sí mismas. Lo mejor que puedes hacer la próxima vez que te guste un chico es no compartir esta información con ella y asumir el tema como un asunto tuyo, sin implicar a terceras personas.

49

Siempre me estoy comparando con mis amigas y me siento muy inferior a ellas. ¿Qué puedo hacer para sentirme mejor?

En periodos en los que no se tienen muy claras cuáles son las peculiaridades de la personalidad, los gustos o lo que de verdad se desea, es normal fijarse en qué opciones han seguido los demás.

El problema es cuando «lo de los otros» se convierte en nuestro único referente válido, haciendo que no nos demos cuenta de lo nuestro: esto genera frustración y sentimientos de inferioridad.

Dedica tu tiempo y esfuerzos a descubrir cuáles son los puntos fuertes de tu personalidad para poder potenciarlos; y practica con los aspectos negativos, para mejorarlos y hacerlos menos evidentes.

✓ Recuerda

Piensa que todas las personas tienen cosas buenas y malas. E incluso ese amigo o amiga al que tanto admiras y al que te gustaría parecerte tiene defectos y facetas menos agradables en su personalidad.

50

Mis amigos de siempre me están dando de lado porque dicen que soy muy «infantil».

En primer lugar, habría que ver qué entienden por «infantil»: ¿comportarse como hace unos meses, cuando aún no te había venido la regla?, ¿seguir riéndote despreocupadamente y dar rienda suelta a tu espontaneidad?, ¿que te sigan gustando los peluches y tengas la habitación llena de muñecas?...

Ninguno de estos aspectos imposibilita a nadie para seguir formando parte de un grupo de amigos, así que a lo mejor ha llegado el momento de cambiar de amistades.

No olvides que las personas que actúan así se encuentran en el extremo contrario al que critican.

✓ **Un consejo...**

Las personas que actúan así adoptan actitudes de mayores para las que ni están maduros ni se encuentran preparados, y eso conlleva más riesgos que permanecer durante más tiempo en el mundo considerado «infantil».

La infancia es un periodo muy corto y tenemos toda una vida por delante para comportarnos como mayores. No tengas prisa.

51

¿Por qué mi novio se comporta de forma distinta cuando está con sus amigos que cuando está a solas conmigo?

Esta es una reacción muy típica entre los adolescentes del sexo masculino, y se debe a que, a nivel afectivo, ellos maduran más tarde que las chicas, por lo que esta actitud es más frecuente.

Muchos chicos son un auténtico derroche de ternura, atenciones y muestras de afecto con sus novias, pero se transforman en «tipos duros» en cuanto están en contacto con su pandilla. ¿La razón? Sienten pánico a quedar como blandos o sensibleros delante de sus amigos.

Los códigos que rigen entre los chicos distan mucho de los que utilizan las chicas. Para ellos, la imagen de hombría es sinónimo de no demostrar sus sentimientos. Aprende a asumirlo desde esta perspectiva y no pienses que es algo personal, a no ser que notes un trato despectivo hacia tu persona, como tratarte con menosprecio o dejarte en ridículo.

Si esta situación es muy frecuente, habla con él y dile lo que te ocurre. Un consejo: no caigas en actitudes radicales como la de hacerle elegir entre sus amigos y tú.

33

6. El ocio

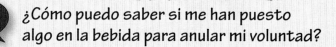

52 ¿Cómo puedo saber si me han puesto algo en la bebida para anular mi voluntad?

✓ Síntomas

- Sensación de malestar en aumento.
- Náuseas y desorientación.
- Pesadez de piernas y hormigueo.
- Pérdida de consciencia y desmayo.
- Al despertar, no se recuerda nada de lo ocurrido entre la segunda y la tercera copa.

La introducción de determinadas sustancias (éxtasis líquido, burundanga, psicóticos…) en la bebida no es algo habitual, pero sí existen casos.

Es casi imposible detectar estas sustancias en la bebida porque son insípidas e incoloras. Lo mejor es seguir una pauta básica: no separarse nunca del vaso y controlarlo visualmente. Procura pedir siempre tú mismo la consumición, vigilando mientras te sirven; no bebas demasiado ni muy deprisa; ni de vasos grandes compartidos en los que no sepas exactamente qué hay y, si observas algo extraño, no lo consumas.

53 ¿Ir a las discotecas «light» es una buena opción para divertirse?

ABIERTO

Aunque se trata de una opción de ocio mucho más sana y segura que otras, no significa que debas confiarte: es posible que en los alrededores de estos locales se produzca la venta y consumo de alcohol y drogas.

Las discotecas «light» pueden suponer un plan entretenido para el fin de semana, pero intenta compaginarlas con otras posibilidades de ocio, como ir al cine, teatro o practicar un deporte con tu grupo de amigos.

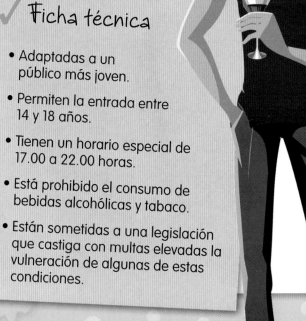

✓ Ficha técnica

- Adaptadas a un público más joven.
- Permiten la entrada entre 14 y 18 años.
- Tienen un horario especial de 17.00 a 22.00 horas.
- Está prohibido el consumo de bebidas alcohólicas y tabaco.
- Están sometidas a una legislación que castiga con multas elevadas la vulneración de algunas de estas condiciones.

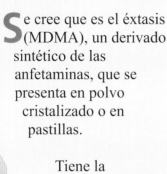

54 ¿Cuál es la droga que más abunda en las discotecas?

Se cree que es el éxtasis (MDMA), un derivado sintético de las anfetaminas, que se presenta en polvo cristalizado o en pastillas.

Tiene la peculiaridad de que su composición es variable, aunque la mayoría incluye, además del éxtasis, cafeína (utilizada para adulterar las anfetaminas y sus derivados) y sustancias antidepresivas que en la actualidad están retiradas del mercado debido a sus nocivos efectos secundarios.

Sin embargo, los expertos advierten que estas pastillas cada vez están más adulteradas y que incorporan ingredientes como piperonal, (un reactivo de carácter industrial), lidocaína (un anestésico) o fenacetina (para el dolor muscular). Esta mezcla explosiva hace que estas pastillas tengan efectos muy negativos sobre la salud.

55 ¿Qué tipo de bebida es la que tiene más alcohol?

Las bebidas con mayor graduación alcohólica son las destiladas, es decir, aquellas que se consiguen eliminando mediante calor, a través de la destilación, una parte del agua contenida en las bebidas fermentadas (las que se elaboran a partir de frutas o cereales).

Las más consumidas son: vodka (40 °), ron (de 40 ° a 80 °), whisky (más de 40 °), tequila (60 °) y ginebra (60 °). A la hora de reunirse para beber alcohol, los jóvenes lo prefieren destilado de alta graduación mezclado con refrescos.

	Bebidas alcohólicas	Consumo adolescente
Combinados	Whisky + refresco	45 %
	Vodka + refresco	39 %
Alcohol solo	Whisky	36 %
	Vodka	30 %
	Tequila	29 %

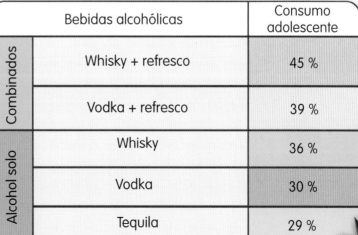

56 ¿Cuál es el mejor plan para proponer a la persona que te gusta en la primera cita?

No existe mejor o peor plan: todo depende de cómo seas y cuáles sean tus aficiones y gustos, al igual que los de la persona con la que vayas a quedar. Si no conoces mucho a la otra persona, puede que te surjan dudas y cierto nerviosismo, pero no te preocupes: debes pensar con calma, relajarte, sentirte cómodo y sobre todo disfrutar, que en definitiva es de lo que se trata.

En una primera cita existen muchas posibilidades y lugares a los que ir, pero lo primero que tienes que tener claro es el tiempo del que dispones y si quieres que sea de día o de noche, lo cual te condicionará el plan.

Saca tu mejor sonrisa, elige la ropa adecuada y ¡deja los nervios en casa! Y... ¡mucha suerte!

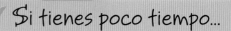

✓ Si tienes poco tiempo...

... o prefieres una cita corta por el día, puedes optar por varias opciones:

- Acudir a un lugar público y consumir alguna bebida facilita la conversación para empezar a conocer a la otra persona.

- Pasear al aire libre permite crear una situación distendida y más relajada entre la pareja.

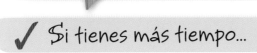

✓ Si tienes más tiempo...

... o tus expectativas son mayores, puedes elegir entre más planes:

- Si eres una persona aventurera o deportista, puedes elegir un plan por el día como irte de excursión a la montaña o al campo, o practicar algún deporte al aire libre.

- La noche implica más intimidad y complicidad en una primera cita. Puedes llevar a tu pareja al cine, al teatro, a bailar o incluso a cenar a un lugar agradable.

57 ¿A qué edad puedo empezar a beber con mis amigos?

A pesar de que mucha gente está en contra de esta práctica, es habitual que los jóvenes se reúnan en grupo en las vías públicas los fines de semana para consumir bebidas alcohólicas.

Los dos principales atractivos de esta práctica es que supone una oportunidad excelente para interaccionar con otros jóvenes y que se trata de una alternativa más económica a otras formas de ocio: la bebida se adquiere en grandes superficies y no hay que pagar la entrada que se exige en las discotecas.

En cuanto a la edad, solo se puede recordar que consumir alcohol no es bueno. Tal y como demuestran los resultados de varias investigaciones al respecto, cuanto más joven se inicia una persona en el consumo de alcohol, más riesgo tiene de volverse dependiente y mayores son los efectos negativos de esta sustancia.

58 Si el alcohol produce desinhibición, ¿su consumo puede hacer más fáciles las relaciones sexuales?

E s cierto que el alcohol hace que nos comportemos de forma más despreocupada y desinhibida. Por este motivo, las personas que son especialmente tímidas pueden sentir que les resultan más fáciles las relaciones sociales después de unas copas.

Pero no te equivoques: las sensaciones que produce el alcohol son pasajeras, momentáneas y tienen pésimas consecuencias.

✓ **No olvides...**

- Cuando bebe en exceso, una persona puede volverse molesta y desagradable pudiendo incluso ahuyentar al chico o a la chica que le gusta.

- Aunque facilita el contacto inicial con el otro, impide disfrutar plenamente de las relaciones sexuales y aumenta el riesgo de embarazos no deseados.

- El 50 % de los embarazos entre la población juvenil se producen bajo la influencia del exceso de alcohol.

59 Paso mucho tiempo escuchando música con los auriculares. ¿Tiene algún riesgo para mi salud?

✓ Precauciones de uso

- Fija el volumen a no más de 60 % con audífonos internos y a no más de 70 % con los auriculares externos.

- Si el volumen máximo de los reproductores es de 120 a 130 decibelios, no debes utilizarlos a más de 85 decibelios.

- Su utilización no debe superar las ocho horas continuadas.

Los reproductores de música se han convertido prácticamente en una «segunda piel» para los jóvenes actuales y suponen una forma cómoda de ir con una amplia selección de música a todas partes.

Pero los excesos pueden ser perjudiciales para tu salud: escuchar música al volumen máximo durante 15 minutos puede producir un daño auditivo permanente (sin olvidar también la incidencia que tiene el hecho de llevar estos dispositivos y no oír nada cuando se cruza una calle). Los expertos también advierten sobre los problemas que pueden provocar en el oído: el espacio entre el casco y el conducto auditivo no permite que el sonido salga, por lo que rebota y aumenta el daño.

60 ¿Qué efectos tienen las pastillas que se suelen consumir en las discotecas?

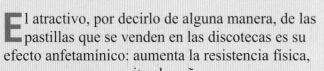

El atractivo, por decirlo de alguna manera, de las pastillas que se venden en las discotecas es su efecto anfetamínico: aumenta la resistencia física, quita el sueño y provoca un estado de euforia que permite salir de fiesta casi sin límite y aguantar toda la noche.

Todas estas sensaciones hacen que apenas se repare en sus efectos a largo plazo y que sea muy difícil ser consciente de que uno se está enganchando.

✓ Efectos secundarios

- **Cerebro:** el consumo esporádico puede provocar hipersensibilidad, crisis de angustia, ansiedad e irritabilidad, mientras que consumirlas de forma habitual puede producir desde depresión y sensación de tristeza hasta delirio paranoico y pérdida de memoria.

- **Sistema cardíaco:** taquicardias, problemas cardiovasculares, infarto, aumento de la tensión arterial, pérdida de equilibrio y pérdida de apetito.

- **Carácter:** brotes de agresividad, cambios de carácter sin razón aparente, incapacidad para asumir las responsabilidades, episodios de ira e irritabilidad.

Este tipo de bebidas, que se han popularizado de forma asombrosa en poco tiempo y que, en principio, estaban concebidas para superar los estados de bajón físico, proporcionan energía extra de forma puntual debido a su composición:

- Los azúcares (11 %).
- La cafeína (85 %).
- Las vitaminas, sobre todo las pertenecientes al grupo B.
- El inositol (una sustancia que mejora el estado anímico) y glucoronolactona (ingrediente que favorece la memoria y la concentración).
- Sustancias estimulantes, como el ginseng o el guaraná.

Pero ha sido en uno de sus ingredientes, la «taurina», en el que han recaído todas las sospechas. En los países en los que sí está autorizado su consumo, la recomendación es recurrir a ellas en momentos puntuales y no exceder las dos latas diarias.

Las investigaciones más recientes se han centrado en los riesgos que conlleva la tendencia cada vez más extendida de utilizar estas bebidas como sustitutivos de los refrescos en los combinados (mezclarlas con whisky, por ejemplo) y se ha confirmado que esta mezcla crea una falsa sensación de sobriedad (disfraza los efectos del alcohol), por lo tanto, no se puede controlar el nivel real de alcohol ingerido.

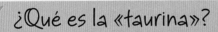

✓ ¿Qué es la «taurina»?

La taurina es un ácido orgánico que estimula el sistema nervioso, lo que produce un aumento casi instantáneo de energía y una mejora del rendimiento psicomotor.

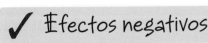

✓ Efectos negativos

Los estudios realizados han señalado que la taurina puede tener efectos negativos para el corazón (arritmias y taquicardias), así como otros a largo plazo aún no testados. Esta es la razón por la que la venta de estas bebidas está prohibida en países como Francia, Uruguay o Dinamarca, entre otros.

Existe una estrecha relación entre el alcohol y las drogas, que es mayor cuanto más precoz sea el inicio en la bebida. Los estudios realizados al respecto han constatado que existe más riesgo de adquirir la dependencia tanto al alcohol como a otras drogas cuanto más joven sea la persona que los consuma; y los efectos también son mayores si se tiene en cuenta que con esta edad el organismo es todavía infantil, lo que hace que no esté preparado.

Pero hay más: beber demasiado de forma repetida se asocia con un riesgo de sufrir episodios depresivos transitorios en un 40 % de los casos, algo que a su vez podría favorecer el consumo de otras drogas para mejorar el estado de ánimo.

Por tanto, el abuso de alcohol se puede considerar una posible antesala a otro tipo de sustancias. No olvides que el alcoholismo no distingue entre tipos de bebidas: todas ellas, tanto el vino como la cerveza, el whisky o la ginebra, pueden generar dependencia.

✓ Precauciones

- No facilites a cualquiera datos importantes, como tu domicilio o número de teléfono.

- No envíes fotos a desconocidos ni quedes con ellos en persona.

- No aceptes ningún tipo de archivos ni te dejes impresionar por ninguna foto que te muestren, ya que puede ser falsa.

Cada vez son más las voces que alertan sobre los riesgos de contactar con desconocidos a través de los chats ya que, por desgracia, son muchas las personas que se incorporan a este sistema de comunicación con el fin de engañar a otros y poder sacarles información, datos privados, fotos comprometidas, etc., mediante la simulación de una personalidad ficticia.

Lo mejor es evitar este tipo de contactos y optar por los «messenger» (msn), que te ofrecen la posibilidad de ponerte en contacto solo con tus amigos y garantizan que la información que intercambiéis no va a trascender.

Bailo fatal y lo paso mal en las discotecas.
¿Qué puedo hacer para divertirme con mis amigos?

Depende de la discoteca a la que acudas, los ritmos que se bailen serán muy diferentes, unos precisarán más técnica o menos, pero todos coincidirán en que lo importante será bailar al ritmo de la música.

Bailar es una forma excelente de liberar adrenalina, mantenerte en forma y mejorar tu estado de ánimo. Además, mientras estás en la pista compartiendo canciones con tus amigos, te mantienes alejado del exceso de alcohol y drogas.

Deja de lado el pensamiento constante de que todo el mundo te mira y ve lo mal que lo haces. Las discotecas son lugares de ocio, no «conservatorios» a los que la gente acude a examinarse o a realizar algún tipo de demostración. La realidad es que en las discotecas cada uno va a lo suyo.

Pero si aún así no te sientes cómodo con tu forma de bailar y estás harto de pasarte la tarde apoyado en la barra, existen algunas estrategias que puedes poner en marcha para divertirte con el baile:

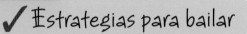

✓ Estrategias para bailar

• Sal a la pista cuando esté llena: así evitarás la sensación de que eres el centro de atención.

• Ríete todo lo que puedas, mientras bailas y hablas con tus amigos.

• Concéntrate en la música y olvídate de cuántos pasos das a cada lado, de si mueves bien o mal las caderas…

✓ Perfecciónate

Practica el baile en casa cuando estés a solas o pide a un amigo o amiga que te ayude.

Además, si adquirir nociones de baile te da mayor seguridad para pasártelo mejor, puedes consultar vídeos, juegos de consola y páginas web a tu alcance con los que podrás aprender.

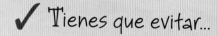

7. Las primeras relaciones

65

Las chicas que me gustan siempre pasan de mí. ¿Qué puedo hacer?

Lo primero que tienes que hacer es aumentar tu autoestima: si tú no te gustas a ti mismo, es más difícil que gustes a los demás.

No encuadres tus relaciones con el sexo opuesto en un marco de tensión; eso obstaculiza lo que todos los expertos consideran que es la clave de la seducción: la autenticidad, ser uno mismo y comportarse de forma natural. Recurrir a poses, trucos, estrategias, mentiras..., intentando ofrecer una imagen que no se corresponde con la realidad, solo produce rechazo. Y no pasa nada por ser tímido: a muchísimas chicas les encantan los chicos con una personalidad como la tuya.

66

¿Cómo puedo saber si de verdad estoy enamorada o solo se trata de atracción física?

✓ **Tipos de atracción**

Según el terapeuta australiano Steve Biddulph en su libro «Educar chicos»:

- **Gustar:** se trata de una conexión mental estimulante de intereses comunes, formas similares de concebir el ocio...

- **Querer:** es un vínculo afectivo profundo caracterizado por ser cálido, intenso, tierno y dulce.

- **Desear:** consiste en un ardor, una sensación meramente sexual que va acompañada de manifestaciones físicas (erección, lubricación…).

También les ocurre a los adultos, pero a esta edad es normal confundir estos sentimientos: estás inmerso en una vorágine de cambios, sobre todo con lo relacionado con el sexo y el amor, que adquiere unas dimensiones a veces desmesuradas.

Es frecuente que te enamores demasiado pronto de alguna persona que no conozcas realmente o que de la noche a la mañana pierdas interés por ella. La literatura y el cine suelen hablar de «mariposas en el estómago» para definir esta sensación.

67

No pienso hacer el amor hasta que me case. ¿Es eso raro?

En absoluto. No practicar relaciones sexuales completas no solo es una opción perfectamente válida defendida por muchas personas, sino que además presenta la ventaja de que se trata de la única manera 100 % efectiva tanto de evitar embarazos no deseados como de prevenir las enfermedades de transmisión sexual.

Muchas personas eligen esta opción guiadas por condicionamientos de tipo religioso, pero hay muchos jóvenes que aplazan deliberadamente el hecho de iniciarse en el sexo porque consideran que aún no es el momento, no han encontrado a la persona idónea para compartir esta experiencia o, simplemente, porque no quieren «complicarse la vida».

Algunos colectivos han querido expresar gráficamente su compromiso con la abstinencia sexual mediante el uso del llamado «anillo de la virginidad», que representa su intención de no mantener relaciones sexuales hasta el matrimonio.

68

Me gustaría decirle algo a la persona que me gusta, pero tengo pánico al rechazo. ¿Qué puedo hacer?

Alguna vez habrás oído la frase: «A lo único que hay que tener miedo es al miedo». Pues aplícalo a una circunstancia como esta: al principio puede imponerte, pero lo primero que tienes que hacer es desdramatizar.

Si quieres que esa persona sepa tus sentimientos, debes tener en cuenta el sentido del humor y debes huir del victimismo y el acoso: este tipo de actitudes hacen que la persona que te gusta se distancie de ti. Puedes hacerlo escribiendo en un papel tus sentimientos y enviárselo por carta, decírselo por teléfono o en una conversación cara a cara.

Puede que la otra persona se muestre sorprendida, que no te conteste lo que realmente siente de forma inmediata o incluso que te rechace. Está en su derecho. Al menos, ahora ya sabes a qué atenerte con esa persona.

69 *Si me niego a tener relaciones sexuales con mi pareja, ¿dejará de quererme?*

considera como un hecho natural que el sexo constituya el paso siguiente.

Lo más importante es que se lo comuniques a tu pareja con total sinceridad, exponiéndole tus razones y dejándole claro que no se trata de una cuestión en su contra, sino que se debe a una postura personal.

Esta es una duda que surge en muchos jóvenes, que albergan el temor de que su pareja interprete la negativa a mantener relaciones sexuales como un rechazo hacia su persona y que, por tanto, la relación peligre. Es más frecuente que esta cuestión sea más difícil de abordar cuando la pareja ya lleva un tiempo saliendo, ya que se

Se trata sin duda de un perfecto «test» para valorar hasta qué punto eres importante para tu pareja: si te quiere, entenderá perfectamente tus razones, las respetará y, aunque resulte difícil, sabrá esperar y la relación no se verá afectada en absoluto.

70 *¿Qué es lo que más atrae físicamente a los chicos? ¿Y a las chicas?*

Una amplia investigación llevada a cabo por psicólogos norteamericanos estudió el llamado «impacto psicológico de la belleza» y para ello se analizó la relación entre algunos rasgos físicos y la mayor o menor atracción que ejercen sobre el sexo opuesto. Pero no olvides que existen excepciones.

✓ **¡A los chicos les gustan.**

- El rostro con las cejas finas, los rasgos suaves y la sonrisa abierta.

- La complexión curvilínea: los pechos marcados y las caderas moderadamente anchas, pero la cintura estrecha.

- Las piernas esbeltas, cortorneadas y bien depiladas, así como la piel suave.

✓ **¡A las chicas les gustan...**

- El rostro con los rasgos marcados y la voz grave.

- La complexión fuerte: los pectorales y la espalda amplios, las caderas y los glúteos estrechos. Las manos grandes y los dedos largos.

- Las piernas largas, bien formadas y fuertes.

71 ¿Cómo puedo evitar ruborizarme cuando estoy ante la persona que me gusta?

Se entiende por rubor el enrojecimiento brusco e incontrolado de la cara (especialmente en las mejillas y las orejas) que algunas personas experimentan en situaciones que les producen estrés, nerviosismo o una alteración.

Esta reacción está producida porque, ante determinadas situaciones que generan ansiedad (como, por ejemplo, encontrarse frente a frente con la persona que te gusta), el sistema nervioso se activa y, como consecuencia de ello, se produce una dilatación de los vasos sanguíneos superficiales que transportan la sangre oxigenada a la cara, orejas y cuello, como consecuencia de lo cual se produce el enrojecimiento o rubor.

Suele ir acompañado de un exceso de sudoración, sensación de calor y aumento de las pulsaciones cardiacas. Resulta evidente tanto para la persona que lo sufre como para la que está con ella.

Este tipo de reacción es más frecuente y evidente en las personas que tienen pieles más claras y finas, y también en las más tímidas, inseguras y dependientes de las opiniones y valoraciones de los demás. No existe nada que impida el enrojecimiento de tu rostro, pero sí que puedes actuar sobre la causa que lo produce, es decir, reducir la ansiedad que hace que se desencadene todo este proceso en tu interior.

Sin embargo, en algunas personas la imposibilidad de controlar esta situación repercute en su vida social. En los casos más graves, existe la posibilidad de someterse a una intervención quirúrgica que consiste en eliminar los ganglios del sistema nervioso simpático (situados en las axilas), encargados de controlar la sudoración y el enrojecimiento de la cara y el cuello.

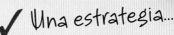

✓ Una estrategia...

Puedes probar a imaginarte que te encuentras con esa persona que te gusta y ensayar cómo comportarte delante de ella con tranquilidad.

De esta forma, cuando vuelvas a estar delante de él o ella, seguramente estarás más relajado y tu sistema nervioso no pondrá en marcha todo ese mecanismo que desemboca en el rubor.

8. El mundo de la sexualidad

72

Dentro de lo que conlleva una relación sexual, ¿qué es el coito?

La palabra coito hace alusión al acto de la penetración del pene dentro de la vagina y se considera la fase previa para la consecución del orgasmo. Si analizas esta definición, lo primero que puedes preguntarte es cómo una situación tan simple y hasta cierto punto aséptica, puede producir tanto revuelo entre la gente de tu edad, y por qué «hacerlo» ocupa tantas horas de conversación y suscita tanta curiosidad.

Efectivamente: reducir el acto sexual a esos minutos en los que el órgano reproductor masculino se encuentra dentro del femenino es quitarle toda la esencia a una de las experiencias más intensas y gratificantes que se puedan compartir con otra persona y que se convierte en sublime cuando, además del intercambio de fluidos y manifestaciones más o menos orgánicas, lo que se comparten son sentimientos.

73

¿Qué se siente exactamente durante el orgasmo?

Metafóricamente, el orgasmo es como alcanzar la cima del placer tras subir la montaña de la excitación. También hay quien lo define con la cresta de una ola que produce una sensación muy placentera al romper. En definitiva, el orgasmo es el momento en el que se alcanza el máximo placer sexual.

Un error frecuente es asociar el orgasmo únicamente al momento del coito. También habrás oído decir que si no se alcanza el orgasmo, el sentimiento entre la pareja no es válido. Todo ello son ideas erróneas: es posible experimentar mucho placer durante el acto sexual, en los preliminares o abrazando a tu pareja sin necesidad de alcanzar el orgasmo.

Además, el orgasmo no tiene que producirse siempre: es habitual que las chicas no lo experimenten durante sus primeras relaciones y también que la pareja no alcance el clímax de forma simultánea. No lo olvides: aunque el orgasmo implica necesariamente placer, este no significa necesariamente orgasmo.

¿Qué diferencia hay entre sexualidad, erotismo, sensualidad, pornografía...?

Todos estos conceptos están incluidos dentro de lo que se conoce como sexualidad. La sensualidad se podría definir como el despertar de los sentidos a través de las sensaciones. Está relacionada con la sutileza, la suavidad, la armonía... En cuanto al erotismo, la Real Academia Española de la Lengua lo define como «amor sensual» o «exaltación del amor físico en el arte».

En la pornografía, la sexualidad se pone de manifiesto de forma obvia, mientras que en el erotismo tendría un componente más de insinuación. Se podría decir que lo erótico tiene un toque artístico, mientras que el porno es más explícito. Tal vez por ello, uno de los grandes hitos de la adolescencia es el momento en el que se ve la primera película pornográfica (algo que suscita la curiosidad en ambos sexos), por lo que te conviene tener algunas ideas claras al respecto:

• Muchas de las imágenes de este tipo de películas pueden producir un impacto negativo en la mente adolescente porque no está lo suficientemente preparada para asimilar ni los contenidos ni las imágenes que proporciona este tipo de cine.

• El hecho de que con frecuencia en las películas porno se produzca una asociación entre el sexo y la violencia también puede ser perjudicial para la formación de la vertiente sexual de los adolescentes.

• Para contemplar este tipo de películas hay que tener muy claro que lo que en ellas se expone no es la realidad, sino que se trata, por decirlo de alguna manera, de una caricatura.

• La mayoría de las películas porno están dirigidas a los hombres y es frecuente que las tramas que en ellas se exponen no respondan a ese plano de igualdad deseable en toda relación sexual.

La mayoría de los países exigen unas edades mínimas para consentir el sexo entre jóvenes y personas mayores de edad. El término «edad de consentimiento» se refiere a aquella por debajo de la cual la relación sexual es un delito. En general, la edad límite es baja ya que a los 13-14 años no se tiene la madurez suficiente para mantener relaciones sexuales plenas y asumir sus consecuencias. La edad consentida es:

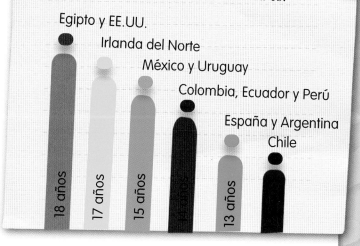

Egipto y EE.UU. — 18 años
Irlanda del Norte — 17 años
México y Uruguay — 15 años
Colombia, Ecuador y Perú — 14 años
España y Argentina — 13 años
Chile

76 ¿Los conceptos de frigidez, impotencia y anorgasmia son lo mismo?

No. Todos ellos se encuadran dentro de lo que se conoce como disfunciones sexuales y cada una tiene un origen distinto:

- Anorgasmia: es la incapacidad para alcanzar el orgasmo, aunque haya habido una fase de excitación previa. En el 95 % de los casos está producida por causas de origen psicológico.
- Frigidez: consiste en experimentar un nivel bajo o nulo de interés por el sexo.
- Impotencia: es la incapacidad del hombre para mantener la erección suficiente para lograr la penetración.

Es importante dejar de obsesionarse con los problemas para mantener relaciones sexuales y ponerse en manos del especialista lo antes posible, que lo trate con terapias de tipo psicológico.

✓ **Toma nota**

Para prevenir estos problemas es bueno reservar tiempo para estar con la pareja sin que haya intención de practicar sexo: hablar, pasear y divertirse juntos puede ser el mayor bálsamo contra la ansiedad de estas disfunciones.

77 ¿Existen los alimentos y las sustancias afrodisíacas o es una leyenda?

Se atribuye el calificativo de afrodisíaco a las sustancias que, en teoría, aumentan el deseo sexual. Su nombre hace alusión a Afrodita, la diosa griega del amor.

Hay un gran repertorio de afrodisíacos potenciales: alimentos como las ostras, olores, especias, bebidas, sustancias extraídas de los animales e incluso preparados químicos. Su fama es debida en gran parte a la leyenda y a la sugestión de quienes recurren a ellos. Según los científicos su eficacia es discutible y, a día de hoy, hay pocas evidencias de que influyan en el comportamiento sexual.

✓ **El chocolate**

Un estudio demostró sus propiedades afrodisíacas a través de un grupo de jóvenes a los que se les pusieron electrodos en el cerebro y monitores cardiacos antes de suministrarles trozos de chocolate puro. Los datos obtenidos mostraron que sus latidos cardiacos se duplicaron tras tomarlo, lo que significaba una excitación casi mayor a la que produce un beso apasionado.

De todas formas, no olvides que en esta etapa de tu vida el mejor afrodisíaco consiste en llevar unos hábitos sanos, hacer deporte de forma habitual, comer saludablemente y dormir las horas adecuadas. No necesitas nada más.

¿Es verdad que las colonias elaboradas a base de feromonas nos hacen atractivos sexualmente?

Las feromonas son sustancias secretadas por el organismo a través de la piel que son percibidas por el olfato de otros individuos de la misma especie. Están íntimamente relacionadas con la atracción, ya que sus componentes químicos pueden producir un cambio en el comportamiento sexual. La producción de estas sustancias crece cuando sube la temperatura.

Las colonias de feromonas son fragancias a las que se han añadido feromonas químicas de laboratorio que reproducen las propiedades de las humanas, aunque muchas de ellas en realidad no contienen esta sustancia. Algunos estudios han comprobado que el uso habitual de los productos que sí incluyen estas sustancias debidamente patentadas entre sus componentes aumenta el encanto sexual y favorece las situaciones románticas. Pero recuerda: no hay nada que pueda estimular más a otra persona que el olor que desprende un cuerpo limpio.

Últimamente pienso todo el día en el sexo, ¿es normal?

La aparición del deseo sexual es una sensación nueva durante la pubertad. Teniendo en cuenta que este sentimiento (y todo lo que conlleva) está directamente regido por el carrusel hormonal que se produce en este momento, no siempre es fácil de manejar, aunque se trata de algo totalmente normal.

Desde siempre ha existido la creencia de que los chicos piensan mucho más en el sexo que las chicas (algún estudio aseguraba que los hombres tenían un pensamiento sexual cada 52 segundos, mientras que las chicas tan solo se acordaban del sexo una vez al día).

Pero investigaciones posteriores han comprobado lo contrario: las mujeres pasan como media 30 minutos más al día pensando en el sexo que los hombres.

80

Si llevo preservativos cuando salgo, ¿pensarán que soy una persona fácil?

Muy al contrario. Una persona que se protege de una enfermedad de transmisión sexual y que pone los medios para no tener que enfrentarse a un embarazo no deseado demuestra tener una actitud madura y responsable.

Afortunadamente, cada vez son más las personas que han superado cierto tipo de prejuicios y piensan ante todo en su salud y en la importancia de prevenir embarazos no deseados.

Una conocida marca de preservativos realizó una encuesta en la que se analizaba el contenido de los bolsos femeninos de un total de 600 mujeres con edades comprendidas entre 25 y 45 años.

Los autores de la encuesta constataron que el 25 % de las mujeres incluye los preservativos de modo habitual en su bolso, siendo el 35 % en el caso de las más jóvenes.

81

¿Estar excitado es lo mismo que tener un orgasmo?

✓ No olvides...

La excitación y el orgasmo son dos fases distintas y sucesivas del placer, aunque a veces apenas haya transcurrido muy poco tiempo entre una y otra.

No. La excitación es una fase «primaria» en la que, como consecuencia del deseo sexual, se produce una serie de cambios en el organismo de forma incontrolable. En los chicos, se produce la erección, mientras que en las chicas se manifiesta una lubricación en la vagina y el endurecimiento de los pezones. La intensidad de la excitación dependerá de los estímulos que la produzcan: desde una mera visión que despierte el deseo, hasta el intercambio de besos, caricias y palabras con la otra persona.

El orgasmo se podría considerar la fase «secundaria» del deseo sexual y el punto culminante del mismo. Se trata de una descarga de la tensión sexual acumulada, que en el hombre se traduce en la eyaculación del semen y en la mujer con una sensación de calor o placer que se extiende desde el clítoris hasta la pelvis. Ambos orgasmos no tienen por qué coincidir.

¿Cómo puedo decirle a mi chico que no quiero ir más allá cuando nos estamos besando sin herir sus sentimientos?

Ante todo, hay que tener muy claro el derecho que todos, chicos y chicas, tienen a decir «no» en cualquier momento, sobre todo teniendo en cuenta que en una cuestión tan íntima como el sexo siempre debe prevalecer lo que la persona piense al respecto sobre las opiniones o presiones de los demás. No olvides que el sexo es una forma más de relacionarte con el otro y, por tanto, no debe ser algo impuesto.

Sin embargo, cuando la relación es consentida por ambas partes y hay un intercambio importante de afectividad y deseo, el hecho de «parar en seco» puede resultar, cuanto menos, violento. Es mejor hablar antes de ello, para que las dos personas tengan claras las reglas del juego. No siempre es fácil mantener la cabeza fría cuando estamos con la persona que nos gusta, y la pasión no suele ser buena consejera. Si las cosas están habladas desde el principio, es más fácil echar el freno sin que nadie se sienta herido en sus sentimientos.

¿Se puede alcanzar el orgasmo solo con besos y caricias?

Sí. De hecho, las investigaciones realizadas al respecto han demostrado que el 40 % de las chicas y el 50 % de los chicos son capaces de alcanzar el orgasmo mediante la práctica del «petting» o de los preliminares amorosos.

Y es que ya hemos comentado que la penetración o el coito no es, ni mucho menos, la única forma de alcanzar el clímax sexual. La excitación que se puede alcanzar en contacto con la persona amada sin necesidad de consumar el acto sexual suele desembocar en el orgasmo. Y lo mismo ocurre en el caso de la masturbación.

Orgasmos aparte, recuerda que los besos y las caricias son una de las expresiones más gratificantes de la afectividad. No en vano, y si hiciéramos una encuesta al respecto, la mayoría de las personas recuerda con más emoción y relata con más vehemencia el primer beso que la primera vez que experimentaron un orgasmo.

84. ¿Qué es una felación? ¿Y un cunnilingus?

Ambas prácticas se encuadran dontro del sexo oral:

- El cunnilingus: consiste en la estimulación de los órganos sexuales femeninos con la boca y la lengua.
- La felación: es la misma práctica oral pero con los órganos masculinos.

Ambas prácticas, para que resulten seguras y placenteras, exigen respetar unas medidas escrupulosas de higiene. También es importante respetar los deseos de la persona que la va a practicar. Ambas prácticas no están exentas de la posibilidad de contagiar enfermedades de transmisión sexual (ETS), de ahí la necesidad de utilizar preservativo para realizarlas.

85. ¿Qué es el «petting»?

Se trata de una palabra inglesa que significa literalmente «jugar con un animal de compañía», pero realmente se refiere a la práctica del sexo sin penetración: besos, abrazos, caricias..., que permiten la excitación erótica sin realizar el coito.

Esto permite un mayor conocimiento tanto del propio cuerpo como del de la pareja y es una manera de manifestar la afectividad. Desde un punto de vista más práctico, se evitan los embarazos y las enfermedades de transmisión sexual y otras implicaciones.

86. ¿Es lo mismo ser bisexual que homosexual?

No. Los homosexuales se sienten atraídos tanto física como románticamente hacia personas de su mismo sexo, mientras que a los bisexuales les atraen personas de su propio sexo y del sexo contrario.

Hay muchas teorías que aseguran que en el fondo todos somos bisexuales, aunque no existe ninguna evidencia científica de ello: se puede ser heterosexual y sentirse atraído en algún momento por alguien del mismo sexo sin que eso nos haga ser homosexuales o bisexuales, ya que es nuestra identidad de género la que determina lo que nos atrae.

Las investigaciones realizadas han demostrado que, al revés de lo que se creía, la bisexualidad no es una elección pasajera fruto del descontento, sino que es una opción de por vida. También se ha demostrado que los bisexuales son fieles a sus parejas en los dos sexos.

Ante todo, hay que tener en cuenta que no existe una edad establecida o predeterminada en la que se considere «normal» tener la primera relación sexual completa. Depende de cada persona, de sus circunstancias, de la relación de pareja que mantenga y de sus ideas al respecto.

Es cierto que la edad de inicio de las relaciones sexuales es objeto de encuestas y estadísticas en los distintos países, pero se trata de datos meramente orientativos que en absoluto deben condicionarte ni hacerte sentir raro o rara por no adecuarte a la media.

De todos los datos obtenidos en los sondeos que periódicamente se realizan al respecto en todo el mundo se desprende que los adolescentes inician su vida sexual a edades cada vez más tempranas: la media está entre 15 y 19 años. Este dato, el de la edad de inicio de la actividad sexual, es de gran interés para la salud pública ya que está relacionado directamente con la tasa de embarazos adolescentes y la incidencia de las enfermedades de transmisión sexual (ETS).

A continuación se muestran algunos datos orientativos sobre la edad media en la que se pierde la virginidad en distintos países:

- **Antes de los 15 años:** en África las mujeres y los hombres se inician muy precozmente en la vida sexual.

- **Entre 15-16 años:** dentro de este baremo se encuentran los países de Alemania, Noruega y Suecia. Brasil sería el país más significativo de toda Sudamérica.

- **Entre 16-17 años:** estos datos aglutinan a países como EE.UU. y Canadá en América del Norte. En Europa, los países de Reino Unido, Francia y España. En Sudamérica, Chile. Y en África en la zona sur del continente.

- **Entre 17-18 años:** estas cifras nos remiten a países como México, Rusia, China y Turquía.

- **Entre 18-19 años:** el país más destacado es la India.

✓ Un dato para reflexionar...

Los investigadores de la Universidad de Columbia (EE.UU.) llegaron a la conclusión de que las personas que inician su vida sexual antes de los 14 años están más expuestas a desarrollar diversos trastornos clínicos.

9. Los riesgos del sexo

88 ¿Se puede transmitir el sida a través de los besos?

No. Aunque en algunos casos el VIH (Virus de Inmunodeficiencia Humana) se ha encontrado en diferentes líquidos corporales como las lágrimas, la orina y también la saliva, la baja cantidad hallada de este virus ha llevado a los expertos a considerar que ni los besos ni los vasos, cucharas o el agua son una fuente de transmisión del VIH. De hecho, los especialistas en el tema señalan que para que una persona pudiera ser contagiada por la saliva de un infectado tendría que ingerir entre 20 y 25 ml de la misma, lo que no ocurre en la realidad.

Tampoco es posible la transmisión a través de los abrazos, es decir, de piel a piel, tal y como demuestran las numerosas personas y personal sanitario que pasan mucho tiempo con afectados de sida. Recuerda siempre que las tres vías de transmisión de esta enfermedad son la sexual, el contacto sanguíneo y de madre a hijo durante el embarazo.

89 ¿Existe relación entre el sida y otras enfermedades de transmisión sexual?

Sí. Se ha demostrado que las personas infectadas por una enfermedad de transmisión sexual tienen de dos a cinco veces más probabilidades de contraer el VIH, si están expuestas al virus por contacto sexual, que aquellas que no tienen una ETS.

Esto se debe a dos causas: por un lado, las úlceras genitales que producen algunas ETS (sífilis, herpes…) y provocan rupturas en las paredes del aparato genital o en la piel, las cuales suponen un punto de entrada para el VIH. Por otro lado, varios estudios han demostrado que las personas con VIH e infectadas por otras ETS tienen más probabilidades de propagar el virus del sida a través de las secreciones vaginales.

Por tanto, es imprescindible extremar las precauciones para evitar el contagio de estas enfermedades y evitar estar más expuesto a contraer otras patologías.

¿Se puede saber a través de algún signo que una persona padece una infección o una enfermedad de transmisión sexual?

Sí. Mientras algunas enfermedades de transmisión sexual son prácticamente asintomáticas, otras presentan una serie de síntomas localizados generalmente en la zona genital y en la piel, que pueden ser más o menos visibles.

Hay que estar atentos a las siguientes manifestaciones y, si detectas alguna de ellas, debes comunicárselo cuanto antes a tu pareja: ocultarlo supone exponer seriamente su salud a las consecuencias de este tipo de enfermedades.

Además, al margen de estos síntomas, es necesario y recomendable la visita anual al ginecólogo y al urólogo siempre que se lleve una vida sexual activa y muy especialmente si no se tiene pareja fija o has cambiado últimamente con bastante frecuencia de pareja sexual.

✓ En las chicas...

En el cuerpo de las chicas pueden aparecer síntomas como:

- Ampollas.
- Verrugas en los órganos sexuales (labios de la vulva), algunas de ellas en forma de coliflor o llagas de color rojo.

✓ En los chicos...

En el caso de los chicos pueden presentarse síntomas como:

- Escozor más o menos visible en sus órganos sexuales.
- Ampollas y verrugas en el pene.
- Inflamación y secreción purulenta del pene.
- Ulceraciones rojizas en la zona genital.

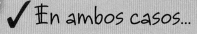

✓ En ambos casos...

Tanto en los chicos como en las chicas se pueden presentar:

- Lesiones ulceradas en la boca.
- Pequeñas vesículas que se convierten en costras en la zona genital.
- Erupción en forma de escamas en las palmas de las manos y en las plantas de los pies.

✓ ¡Presta atención!

Recuerda que el preservativo es el método de protección más eficaz para prevenir este tipo de infecciones.

Sin embargo, hay que saber utilizarlo adecuadamente, ya que el 25 % de las personas que recurre a este método profiláctico lo hace de forma incorrecta, con lo que se multiplica el riesgo de infección.

91 ¿Por qué se advierte tanto de los riesgos del cibersexo si no hay contacto físico con la otra persona?

Se entiende por cibersexo cualquier tipo de conducta relacionada con el sexo que se lleva a cabo a través de internet. Aunque no existe coito ni contacto directo con el interlocutor, sí que abundan otras actitudes como la masturbación y los diálogos subidos de tono.

Además, el cibersexo tiene otro riesgo: facilita que se desarrollen comportamientos adictivos, adoptando actitudes incontroladas que llegan a interferir tanto hasta hacer perder el contacto con el entorno real. Según un estudio, los jóvenes universitarios utilizan internet con fines sexuales aproximadamente 11 horas semanales.

Un dato a tener en cuenta es que el 60 % de los hombres acude a este tipo de prácticas frente a un 40 % de las mujeres.

✓ Riesgos

En el cibersexo desconocemos la identidad, la realidad y, sobre todo, las intenciones reales del interlocutor. Esto favorece los abusos a menores y lo sitúan en posibles situaciones de riesgo derivadas de esta práctica (chantaje, difusión de fotos por la red sin su consentimiento...).

92 ¿Cómo puedo distinguir a una persona pesada de un acosador?

Se puede hablar de acoso sexual cuando alguien manifiesta, de forma más o menos explícita, su intención de mantener relaciones sexuales contigo mediante coacciones, amenazas, chantajes u otro tipo de actitudes que generan miedo, intimidación o humillación. El acosador puede actuar en distintos ámbitos: en el colegio, entre los amigos o incluso en la familia.

Por su parte, el pesado no suele albergar unas intenciones sexuales tan claras, sino que su acoso es más de tipo psicológico: te llama para quedar contigo cuando sabe que no tienes la más mínima intención de aceptar, te lo encuentras de pronto en los lugares más insospechados... Un caso típico de pesado es la figura del ex novio, cuya única idea es recuperar la relación.

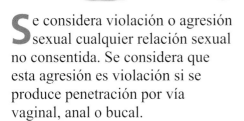

93 ¿Cómo hay que actuar en caso de violación?

Se considera violación o agresión sexual cualquier relación sexual no consentida. Se considera que esta agresión es violación si se produce penetración por vía vaginal, anal o bucal.

Si por desgracia has tenido que enfrentarte a alguna de estas experiencias, es muy importante que no transcurra mucho tiempo entre el hecho y la denuncia, para aportar el mayor número de pruebas posible. Lo mejor es que acudas directamente a una comisaría; y si no puedes acudir a una comisaría

inmediatamente guarda toda la ropa y todos los objetos que pudieran aportar restos de tu agresor.

Aunque es difícil, se aconseja no ducharse antes de la denuncia, ya que los restos de semen son una prueba muy valiosa. Y ponte enseguida en manos de profesionales médicos y psicólogos: como otras tantas situaciones traumáticas de la vida, con ayuda es más fácil superarlo.

94 ¿Qué tipo de actitudes se pueden considerar abusos sexuales?

Se entiende por abuso sexual las relaciones que se realizan sin tu consentimiento y en las que, a diferencia de la violación, no hay violencia ni intimidación, pero sí que se atenta contra tu libertad o identidad sexual.

La mayoría de las legislaciones consideran abusos sexuales a aquellos que se realizan a menores de 13 años, o en aquellos casos en los que el consentimiento se obtiene aprovechando una situación de superioridad (profesor, padre, jefe...) que coarta la libertad de la víctima.

✓ **Ten en cuenta**

Se pueden considerar abusos sexuales:

- Todo tipo de tocamientos que te fuercen a realizar.

- Actitudes que te obliguen a contemplar (exhibicionismo) o proposiciones verbales.

Está reiteradamente constatado que en un número muy elevado de casos estos abusos se llevan a cabo por alguien perteneciente al ámbito más cercano del menor e incluso dentro de su propia familia.

10. Anticoncepción y embarazo

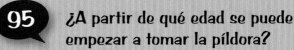

95 **¿A partir de qué edad se puede empezar a tomar la píldora?**

Lo primero que tienes que tener claro es que el preservativo es el único método que te protege de los dos principales riesgos de la práctica sexual: el embarazo y las enfermedades de transmisión sexual.

Por tanto, es un error concebir la píldora como el mejor método para mantener relaciones sexuales sin consecuencias. Se puede afirmar que la píldora es la segunda opción anticonceptiva más segura por detrás del preservativo y que las mejores garantías se obtienen combinando ambos métodos.

En cuanto a la edad a la que se puede empezar a utilizar este anticonceptivo, ha habido algunas voces que defendían la idea de que la píldora podía frenar el crecimiento de las adolescentes antes de que estas alcanzaran su talla definitiva, pero se ha comprobado que las diminutas cantidades de la hormona a la que se achacaba este efecto contenida en la píldora no son suficientes para producirlo.

De todas formas, solo será el ginecólogo quien, independientemente de la edad que tengas, valore la conveniencia o no de que recurras a este método (en función de un examen físico completo y un reconocimiento pélvico al que te someterá) y te deje muy claras las pautas sobre qué cantidad debes ingerir, cómo debes consumirla o cómo actuar si se te olvida tomarla en algún momento.

✓ Ventajas de su uso

- Puedes dejar de tomarla en el momento que tú decidas.

- Supone una ayuda para prevenir el cáncer de útero y de ovario.

- Si tienes las reglas irregulares, consigue que sean puntuales.

✓ Inconvenientes de su uso

- Tienes que tomarla todos los días, ya que su olvido reduce su eficacia.

- Tiene algunos efectos secundarios.

- No protege contra enfermedades de transmisión sexual.

96 Si tomo la píldora durante mucho tiempo, ¿tendré problemas cuando quiera quedarme embarazada?

No. Las investigaciones realizadas al respecto han demostrado que al dejar de tomar la píldora se recupera la fertilidad, lo que significa que, si se mantienen relaciones sexuales en determinados momentos del mes, se puede lograr un embarazo con la misma probabilidad que si no la hubieras estado consumiendo.

Por otro lado, el embarazo se puede producir en el primer mes tras abandonar el tratamiento anticonceptivo de la píldora ya que, como hemos dicho, no tiene ningún efecto nocivo sobre la capacidad para concebir. Así que si tu intención no es quedarte embarazada, debes extremar las precauciones al respecto y no confiarte.

Desde que empezó a comercializarse, ha habido un buen número de ideas falsas referidas a los posibles efectos secundarios de la píldora. Muchas de ellas tenían un cierto fundamento, ya que se derivaban de los elevados contenidos hormonales presentes en las primeras formulaciones.

Sin embargo, los estudios más recientes han demostrado que la píldora actual no produce aumento de peso, aunque sí es posible que en algunas mujeres favorezca la retención de líquidos. A continuación, te mostramos alguna verdad y varios falsos mitos que existen respecto al uso de la píldora y el embarazo.

✓ **Falso**

En caso de estar embarazada, el hecho de haber consumido la píldora con anterioridad y durante un tiempo puede producir malformaciones en el feto.

✓ **Verdadero**

Después de haber consumido la píldora y tras abandonarla, se recomienda esperar tres o cuatro meses antes de intentar quedarse embarazada. Esto es recomendable para evitar los embarazos múltiples.

✓ **Falso**

Durante la semana de descanso de la píldora (en aquellas versiones de tres semanas) se puede producir un embarazo, aunque la hayas dejado de tomar durante esa semana.

97 Me han dicho que es imposible quedarse embarazada la primera vez que se mantienen relaciones sexuales. ¿Es cierto?

Esta creencia, que sigue estando muy extendida entre las jóvenes (algo hasta cierto punto incomprensible, teniendo en cuenta la avalancha de información al respecto) no solo es absolutamente falsa, sino que es en muchas ocasiones responsable de embarazos no deseados.

De hecho, se estima que el 20 % de las parejas que tienen una relación sexual por primera vez no utiliza ningún método anticonceptivo, se trata de un hecho muy arriesgado teniendo en cuenta que cualquier mujer se puede quedar embarazada desde la primera regla, además de ser una irresponsabilidad.

Por otro lado, basta con mantener una relación sexual una sola vez para contraer una enfermedad de transmisión sexual, de ahí la importancia de utilizar protección en todos y cada uno de los encuentros sexuales que se mantengan.

98 ¿Es posible quedarse embarazada antes de tener la primera menstruación?

Desde el punto de vista orgánico, existe esa posibilidad, ya que dentro de todo el conjunto de alteraciones que se derivan de los ajustes hormonales previos a la primera menstruación, puede ocurrir que una chica a la que aún no le haya venido la regla sí ovule, lo que hace posible el embarazo en caso de mantener relaciones sexuales.

Hay que tener en cuenta que todo el engranaje implicado en el ciclo menstrual comienza antes de la regla y en algunos casos se pone en marcha con muchísima antelación respecto al momento en el que se produce la primera menstruación.

Por tanto, es imprescindible el uso del preservativo ya que como no hay aún un ciclo menstrual definido y establecido, no se puede recurrir a la píldora.

99 ¿Es cierto que si se mantienen relaciones sexuales de pie o durante la menstruación no hay riesgo de embarazo?

Ambas creencias son absolutamente falsas. Es cierto que cuando se tiene la regla, las posibilidades de que se produzca la fecundación se reducen considerablemente, pero eso no significa que no existan. Esto es debido a que, por muy regular que seas, hay ocasiones en las que la ovulación puede producirse fuera del ciclo. De hecho, hay mujeres que tienen ovulaciones tan tardías que se producen inmediatamente antes de comenzar la menstruación.

También hay que tener en cuenta que la concepción se produce en las trompas de Falopio, no en la vagina, por lo que, si se mantienen relaciones sexuales, es posible que un espermatozoide llegue a fertilizar algún óvulo que se encuentre en las mismas, independientemente del sangrado vaginal

En cuanto a la opción de mantener relaciones sexuales de pie como método anticonceptivo, se trata de una afirmación que carece de cualquier rigor científico, ya que la postura no tiene nada que ver con las posibilidades de que un espermatozoide fecunde un óvulo.

También existe la creencia de que si la mujer se somete a una ducha vaginal a fondo tras haber mantenido relaciones sexuales, se elimina cualquier rastro de espermatozoides.

Esto tampoco es cierto: una vez eyaculados, los espermatozoides se mueven a gran velocidad y rápidamente pueden asentarse de manera muy cómoda en un óvulo.

✓ Más información... ¡ya!

La proliferación de todos estos mitos hace necesarias muchas más campañas de información dedicadas a la adolescencia de las que se llevan a cabo y, sobre todo, confirman la importancia de que tanto ellos como ellas adquieran un mayor grado de confianza en los profesionales médicos y sustituyan a los amigos como principal fuente de información en lo que a materia sexual se refiere.

100 ¿Qué hago si durante la relación sexual se rompe el preservativo?

Lo que los expertos aconsejan en estos casos que son más frecuentes de lo que pueda parecer, es tomar lo antes posible, dentro de las 72 horas siguientes, la llamada «píldora del día después».

Pero hay que tener muy en cuenta que la píldora postcoital no es un método anticonceptivo sino un remedio de emergencia. La composición de esta pastilla es un combinado de hormonas que impide que el embarazo llegue a su término.

Otro percance que puede ocurrir mientras se están manteniendo relaciones sexuales es que el preservativo se quede dentro de la vagina (algo posible, ya que tras la eyaculación el pene pierde volumen y firmeza).

En caso de que no pueda extraerse con la ayuda de los dedos, hay que acudir a un centro de salud donde, además de sacar el preservativo de la vagina y comprobar que no se ha roto ni quedan restos del mismo en el interior, os recetarán la píldora del día después, para poner medios y evitar embarazos no deseados.

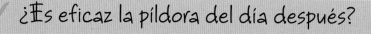

✓ ¿Es eficaz la píldora del día después?

Su eficacia es aproximadamente de un 90 % de los casos. Pero no olvides que no debes usarla como anticonceptivo habitual. Para conocer los métodos anticonceptivos que existen, acude a tu médico, él te aconsejará o te derivará a un centro de planificación familiar.

✓ ¿Dónde puedo encontrarla?

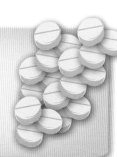

Si tienes necesidad de usarla, puedes adquirirla en cualquier farmacia sin receta médica. La «píldora del día de después» se suministra de esta manera en países como España, Reino Unido, Francia, Bélgica, Luxemburgo y en EE.UU., donde la anticoncepción hormonal de emergencia es de libre dispensación.

Hace unos años era necesario acudir al centro de salud o de planificación familiar para adquirirla. Allí te proporcionaban la receta y luego la comprabas en la farmacia.

 101 ¿Qué es el preservativo femenino?

Es otra de las múltiples opciones fiables a la hora de elegir un método anticonceptivo. Se trata de una funda muy fina de un plástico muy resistente (poliuretano), que se presenta lubricado por silicona y sirve para recubrir las paredes de la vagina y de la vulva durante la relación sexual.

Actúa impidiendo el paso de los espermatozoides hacia el interior del útero y por tanto, evitando el embarazo. Además, también es un método muy eficaz en la prevención de las enfermedades de transmisión sexual. Su eficacia oscila entre un 79 % y un 95 %.

Su aspecto exterior es muy similar al del preservativo masculino. Pero tiene una peculiaridad: está provisto de dos anillos. El anillo del extremo cerrado se sitúa en el interior de la vagina y el otro, el del extremo abierto, queda en el exterior y cubre los labios durante el coito. La boca del preservativo debe estar suficientemente lubricada para evitar que el anillo exterior se introduzca en el interior de la vagina. Es de un solo uso, por lo que no debe ser reutilizado.

Si nunca has utilizado un preservativo femenino, sigue los siguientes pasos para su correcto uso:

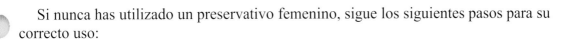

✓ Primero

Lávate bien las manos y ponte en una posición cómoda: por ejemplo, agachada con las rodillas separadas o tumbada con las piernas flexionadas y las rodillas abiertas.

✓ Segundo

Sujeta el preservativo femenino de tal forma que el extremo abierto quede suspendido. Después, comprime el anillo interior cerrado, con el dedo índice y el pulgar e introdúcelo mientras lo vas empujando suavemente hacia la vagina.

✓ Tercero

Presiona el anillo interno con el dedo índice hacia el fondo de la vagina, hasta que toque el hueso pubiano. Este paso hay que hacerlo despacio para que el anillo no se mueva o se tuerza. El anillo exterior del preservativo femenino quedará entre los labios menores de la vagina.

✓ Cuarto

Para retirar el preservativo femenino tras la relación sexual, tienes que apretar y plegar delicadamente el anillo externo para mantener el esperma dentro de él y que no se derrame. Después, tira y empuja el preservativo hacia fuera. Recuerda: es de un solo uso.

Contenido

© 2010, Editorial LIBSA
C/ San Rafael, 4
28108 Alcobendas (Madrid)
Tel.: (34) 91 657 25 80
Fax: (34) 91 657 25 83
e-mail: libsa@libsa.es
www.libsa.es

Textos: Carla Nieto Martínez
Edición y maquetación: Equipo editorial LIBSA

ISBN: 978-84-662-2098-9